與潛意識對話

透視催眠師如何解開真實人生課題

歐陽芷妍 Asa 著

推薦序

許瓊心 馬偕醫院兼任主治醫師
國際扶輪 3482 地區台北蓬萊社 28 屆社長

在催眠師的引導下與自己對話

在傳統醫學裡，有些病人在精神方面呈現焦慮、憂鬱、緊張、害怕、不安等心理症狀，會記憶力變差，也出現失眠症狀；在生理方面，會出現胸悶、心跳加快、心悸、呼吸困難、消化不良、腹瀉或便秘、頻尿或月經失調的現象，也可能伴隨口乾舌燥、手腳顫抖、冒冷汗、全身痠痛等症狀。

針對這樣的病人，經過評估排除其他可能的生理及精神疾病，例如思覺失調症、雙極性情感疾患（過去稱爲躁鬱症）、注意力不足及過動症、自閉症等，其他包含多種層次症狀的病人，一般是被歸類於精神官能症，俗稱「自律神經失調」，醫療上的選擇是精神科。治療上，症狀取向的藥物治療是主軸，卻常常無法有效處理，必須配合壓力的調適，此時可考慮選擇心理諮商或是催眠師的協助。

心理治療或心理諮商是運用各種心理學專業（催眠也是其中一種），強化一個人的心理強度或修復心理創傷。當事人在諮商中與心理師對話及互動過程，間接地提升其思考與表達，通常所需次數與時間較長。目的在於幫助當事人對自己或是對情況有更好的了解，並且可以基於這個了解，做出自己能夠負責的決定。

而催眠是一個技術，各種結合現代心理學的高階催眠技術，可以增加當事人對自我的了解，包含潛意識與靈性層面的自我。催眠透過有意圖地引導注意力，在此狀態下人的身心較開放，也比較容易接受原本難以接受的想法。當事人處在意識變動中，並處理內在有關的情緒，以達到設定的行爲改變或生活改變目標。

歐陽芷妍催眠師從一開始試圖透過催眠療癒自己、達到身心靈平衡，後來得到美國 NGH 催眠師執照，又再進修取得催眠講師，繼續進修 IACT 催眠導師、NLP 執行師。直到現在持續攻讀臨床催眠，並寫出這本《與潛意識對話》。

書中簡介了什麼是催眠，以及催眠的歷史、迷思與對身心的益處等；也提及如何挑選適合自己的催眠師、催眠前的身心準備，以及催眠師的收費等實用資訊。而本書主軸是作者輔導的各種個案，在使用不同催眠技術累積催眠經驗後，作者發現催眠不再是過去大眾所誤解的神秘玄學，而是一門科學性強且值得推廣的療法。

芷妍老師是IACT首期授證的導師，不僅精通古典與現代催眠技術，更重要的是，她擁有一顆善良助人的心。她不斷自我精進，提升專業能力，展現了追求卓越的專業態度，這正是催眠師們應該學習與效法的榜樣。

我也期盼更多朋友能通過這些案例的分享，深入了解催眠的奧秘，打破既有的誤解，認識這門眞正科學且有效的催眠技術。讓我們共同推動催眠的發展，讓更多人受益於這項寶貴的技能。

推薦序

劉思楨 執業醫師
國際扶輪 3482 地區 2017-18 年度總監

看故事一般的輕鬆入境

催眠是一項歷史悠久的技能，從古至今，它一直擔任輔助醫學的角色。從幫助麻醉、改善各種疾病等等，都發揮了一定的輔助效果。

作者歐陽芷妍小姐，因爲家人患有自閉症的關係，投入催眠術的學習，也因此改善家人的病情。又進一步到美國的大學博士班進修催眠術。以多年從事催眠的經驗，用深入淺出的方式，爲讀者們介紹了催眠的歷史、分類、效果等，並以個案描述的方式，爲大家提供了一些成功催眠的經驗。

這些活生生的個案，讓我們好像在看故事一般的輕鬆和入境。這是一本值得了解催眠的好書，爲此慎重推薦。

目錄

⋯PART 2 以催眠解開眞實人生課題

開篇語 歐陽芷妍 Asa

催眠就像黑洞裡的一束光

成爲一名催眠講師，甚至出版催眠相關書籍，對我而言是個始料未及的收穫。最初開始接觸催眠，實際上只是想要自我療癒。我的兒子在一歲左右被診斷爲重度自閉症，得知這個結果時，我十分自責，總覺得是不是自己在懷孕期間有哪裡不周到沒做好，導致兒子出生後無法健全地享受人生。當時我幾乎不敢和自己的孩子獨處太久，甚至興起了帶著他一起離開人世的念頭。

直到開始學習催眠之後，我才慢慢地有勇氣面對這些已經不能改變的事實。不僅如此，我也逐漸懂得告訴自己，無論兒子有什麼病狀，這就是他，我還是很感謝他來到我的生命中，讓我看到不一樣的自己。

從一開始試圖以催眠自我療癒、達到身心靈平衡，後來取得美國 NGH 催眠師執照，又再進修取得催眠講師；接著繼續進修 IACT 催眠導師、NLP 執行師，直到現在持續攻讀臨床催眠。在這個過程中，更成立了歐陽芷妍管理顧問有限公司，輔導不同個案，並藉由演講將催眠介紹給更多人認識。在個體與集體催眠經驗不斷累積下，我發現催眠確實能協助現代人自律神經失調的困擾。曾經自己也在情緒的黑洞中迷失，吃過身心科藥物，而後透過催眠輔助，達到平衡自律神經、減輕藥物使用。

原本只希望自我療癒，在成為催眠師接觸多樣個案之後，發現協助個案的同時，我也獲得了成長。也因為催眠師這份工作，我更能夠去理解每個人不同的言行舉止，更對別人多了一分包容。儘管在催眠的這條路上偶爾也會想要放棄，但每一次看到個案在我的幫助下成長與改變，都給予我更強的動力堅持下去。

出版這本書的起心動念，最重要的原因是自己曾透過催眠得到正向的改變。我認為催眠就像黑洞裡的一束光，溫暖且科學。當我有能力療癒自己後，開始想把這束光傳遞出去，讓更多人知道，在身心靈困頓無措，嘗試過其他治療方法仍無法解決時，催眠也是可以輔助解決的方法之一。希望透過催眠，讓在黑洞裡的人能感受到溫度，在陽光下的人可以更穩定並加強身心平衡。

然而在台灣，催眠是一種相對冷門的心理療癒形式，加上催眠並不在勞健保的給付範圍內，以至於許多人在身心遇到狀況時，比較傾向民俗療法等收費較親民的方式。這不僅拉大了一般人與催眠的距離，也讓人們一直對催眠有誤解與迷思，同時也是許多有志進入催眠領域的新血很難長久堅持的主因，畢竟要讓催眠成爲能夠維繫生活的職業，需要至少五到十年的經驗累積。

藉由這本書的出版，不只讓讀者對催眠有更多的認識，也希望還在催眠師這條路上奮鬥的同業，在看過這本書中的案例後，能意識到自己正在做的這件事極具意義，並從中受到鼓舞而繼續堅持下去。

因此，本書規劃了「催眠概論」與「眞實故事」兩大部分。透過一開始的概論，引領讀者初步認識催眠領域的相關知識。接著，詳述9位眞實個案所遇到的人生課題，層面包含母女關係、父女關係、婆媳關係、異性與同性戀情、離婚與失戀、校園團體生活、前世今生等；引領大家深度了解面臨這些議題與情境時，催眠師將運用哪些催眠技法、互動去協助個案。希望讓讀者能在故事中獲得啓發，也從中更深入了解催眠。

同時，本書爲了保護個案隱私同時提升閱讀代入感，全數個案皆以化名呈現。

每次看到個案因爲我的技術熟練度及經驗提升，而在短時間內有了明顯轉變，都一再地讓我對催眠以及自己的價值，有更深一層的體悟。

Part 1

催眠概論

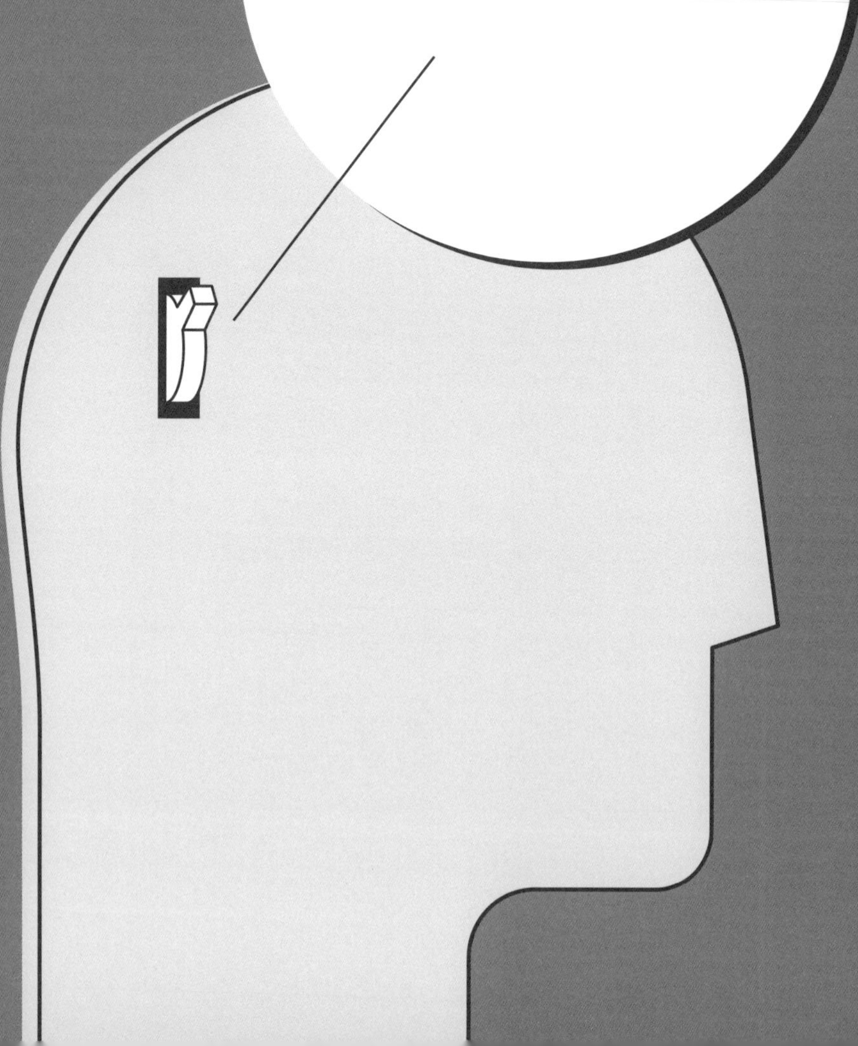

什麼是催眠？

每當談到催眠，人們腦海浮現的景象常是一個催眠師拿著鐘擺左右搖動，接著被催眠者的眼皮越來越重，最終進入睡眠狀態，並被控制做出各種不可思議的舉動。大眾媒體所描繪出的刻板印象造成了一般大眾的誤解，實際上，催眠沒有那麼深不可測，也並非遙不可及。催眠從古至今已有上百年歷史，應用十分廣泛，除了表演者在舞台上示範催眠外，現代更多是把催眠應用在心理及精神治療。

儘管催眠在歐美等國家已盛行多年，台灣卻是直到一九九八年才引進美國國家催眠師聯合學會（National Guild of Hypnotists，簡稱 NGH）催眠課程與技術。早前，國人對於這個療法始終保持觀望質疑的態度，如今隨著接觸催眠技術的專業心理療癒者逐漸增加，加上人們的生活壓力越來越大的情況下，有更多民眾對催眠這個「神秘」的技術感到好奇，且有意願嘗試。

儘管如此，多數人對催眠究竟如何達到療癒效果還是相當模糊。

在實際進入催眠療程之前，有必要先從人的意識與潛意識開始說起。在奧地利心理學家西格蒙德・佛洛伊德（Sigmund Freud）於一八九五提出「冰山理論」中，將人的意識分爲「意識」、「前意識」和「潛意識」三個層次。

「意識」有如露出水面可被看到的冰山一角，指的是一個人外在行爲與表現，這些外在行爲受到現實世界的規則所限制，但心中還是有原始的本能衝動和慾望。

「前意識」就像海平面下的冰山區域，雖然在水面下，但因爲陽光能照射到所以仍可見。例如我們國中同學的名字或是騎腳踏車的技巧，這類不在我們刻意識範圍的東西，但只要嘗試回想，它就會輕易浮上我們的意識中的記憶。

「潛意識」則像深入海底，陽光無法接觸到的最深層冰山區域，這才是冰山的主體，是整個個人意識最大的部分。雖然我們難以感知到潛意識的內容，但潛意識時時刻刻都在影響着我們的行爲與想法。

佛洛伊德冰山理論

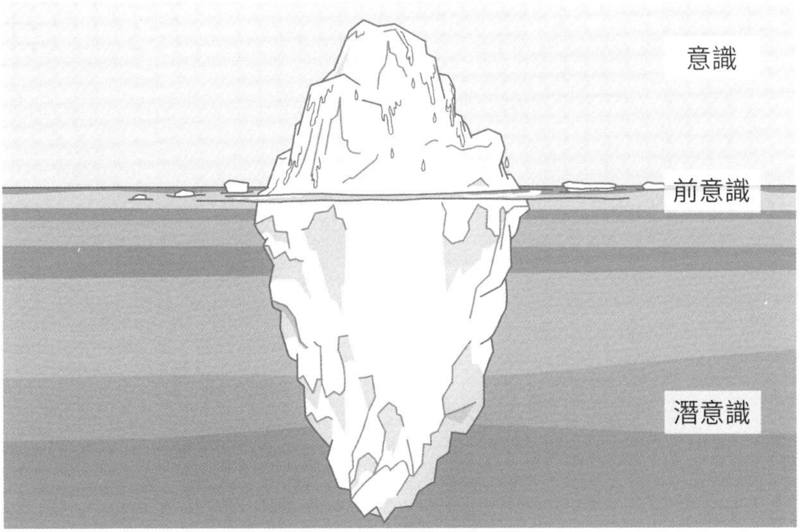

從精神科的角度來講，催眠是一種人類的意識狀態，特徵包括注意力集中、降低周邊視力和增強回應暗示的能力。藉由催眠者的引導，讓被催眠者的潛意識活躍起來，因此，許多深藏在潛意識中的信息才能再次被發掘並重新整合，最後與被催眠者的意識產生連結，進而調整其現實生活中的行為與情緒。

催眠風格與派系

就像武術世界包含各種門派和分支一樣，催眠也只是一個統稱，其中涉及到許多不同的派系區別。雖然目的同樣都是爲了激發被催眠者的潛意識，但達到這個目的所採用的技術與手法卻頗爲不同，下文我們以風格、目的與操作技術的不同，重點介紹目前主流的幾個催眠流派。

催眠的風格主要可區分爲兩種，即父權式與母系式的差異。例如前面所提到的 NGH 美國國家催眠師聯合學會，就是偏向父權式的催眠技術，直接且權威。IACT 國際諮商師及治療師協會則偏向母系，間接且彈性。以下我們詳細介紹父權式與母系式的特色。

父權式

父權式的特點是直接建議或是下達指令，這在舞台催眠中尤其顯而易見。這種方法是基於一種信念，即「力量」存在於催眠師中，催眠師可以使個人進入被動狀態，在這種狀態下，被催眠者會對暗示更敏感。一個領先的催眠學派將這種方法稱爲「父式催眠」，這種方法強化了受試者「失去控制」的傾向，他們通常被認爲無法抗拒催眠師的建議。

由於父權式催眠是最先出現的理論，因此它也是目前衆多催眠療法的基礎，許多催眠師都會使用這種方式，直接的方法對許多被催眠者都有效果。使用這種形式的催眠師，有興趣幫助客戶獲得效果，並且不誤導客戶對催眠力量的錯誤觀念。然而這種催眠方式的成敗很仰賴催眠師的經驗與執行技巧，在採用父權式時，催眠師應記住最重要的是，來訪者接受療癒中取得的任何積極結果。

父權式催眠最具代表性的當屬 NGH，又可稱爲經典催眠。通常使用暗示、誘導和想像等技術，來引導個案進入深度放鬆狀態。傳統的父權式催眠是一種被廣泛用於療癒和心理學領域的技術。在傳統催眠中，一個訓練有素的專業人士（通常是心理治療師或催眠師）使用語言和放鬆技巧，引導被催眠者進入一種放鬆並專注的狀態。在這種狀態下，被催眠者可以更容易接受建議、改變思維模式、處理壓力或是情緒問題。

傳統式催眠通常分爲幾個階段，包括準備階段、誘導階段、深化階段、建議階段和覺醒階段。

在誘導階段，催眠者可能使用重複性的語言指令、圖像化引導或是深呼吸等方式，來協助被催眠者進入放鬆狀態。在舞台表演中常見的瞬間催眠，誘導階段就十分重要且顯而易見。催眠師會在誘導階段給出例如「我數一、二、三，請你閉上眼睛」這類直接了當的指令；又或者是「想像一個最歡樂最開心的時刻」這樣具有畫面感的圖像引導，讓被催眠者開始進入恍惚的狀態。

誘導階段後的深化階段則是每一次催眠療程中最重要的部分。被催眠者進一步放鬆，更加進入恍惚狀態，此時被催眠者更能夠丟掉自己平時的認知框架，也就更容易接受催眠師的指令和建議。舉例來說，被催眠者很害怕小蟲子，在深化階段時，催眠師會逐步讓被催眠者想像小蟲子慢慢靠近或越變越大，一步一步地讓被催眠者接受小蟲子的存在。

經過深化過程後，並非就能完全擺脫或解決問題，而是在某種程度上引導被催眠者去面對問題。被催眠者願意面對後，催眠師才能在接下來的建議階段向個案提供正面的建議或是指令，以幫助他們達到特定的目標或是處理問題。

以上這些指令聽起來似乎不難，但他們可不是像一套標準流程那樣，只要全部說過一遍就可以把人催眠。一般人在沒有經過練習與經驗累積的情況下，不僅會在下指令時舌頭打結，甚至根本無法掌握下指令的時機。此外，催眠師有其權威性，普通人若只是隨便學了幾招就想試圖催眠，無法讓被催眠者全心地信任，也就很難眞正進入催眠狀態。更重要的是，被催眠者進入催眠狀態後，情緒會有什麼變化是無法預測的，如何穩定情緒避免二次傷害，才是催眠師的功力所在。

儘管傳統式催眠在一些情況下可以產生積極的效果，例如減輕焦慮，幫助戒菸酒或是減肥，但也有一些人可能對催眠有不同程度的反應，並且可能存在風險。因此，必須尋求經驗豐富持有專業催眠執照的催眠師。

母系式

既然以下指令爲主，較具權威性的傳統式催眠被視爲「父式」催眠，那麼讓個案有更多想像空間與選擇性的許可式風格就被視爲「母系」的催眠。

母系式的應用方式與父權式大致相同，不同之處在於催眠師對被催眠者是發出「邀請」，而不是給予「命令」。在母系式催眠中，催眠師更加尊重客戶的選擇，並且因爲與「羅傑斯心理療法」同時發展起來，所以更講究以當事人爲中心，允許當事人有自己的解釋，讓被催眠者有更大的選擇空間。

母系催眠的出現爲催眠療法帶來了更重大進步，因爲它傾向於賦予被催眠者權力，成功與否主要歸功於被催眠者，阻力被認爲是被催眠者的選擇而不是失敗，因而成爲當今許多催眠師的首選方法。

若說 NGH 是父權式代表，那麼母系代表就非 IACT 莫屬。IACT 又稱爲「艾瑞克森催眠」，是一種基於美國臨床心理學家米爾頓・艾瑞克森（Milton H. Erickson）的催眠技術與催眠學說發展出來的心理治療方法。艾瑞克森是二十世紀著名的催眠治療專家之一，他提出了許多關於人類潛意識和治療方法的理論，並將這些理論應用到臨床實踐中。

艾瑞克森催眠與傳統催眠不同，它強調利用個體的潛意識資源和內在智慧來幫助解決問題和改變行為。該方法通常以非直接性、間接性和隱喩性的方式進行，通過語言暗示、故事和象徵等方式，引導被催眠者進入放鬆狀態，從而促使潛意識發生積極的變化。在艾瑞克森催眠中，催眠師會與個案建立信任和合作關係，通過觀察語言、肢體和情緒反應，以及傾聽個案的需求和目標，來制定個性化的療癒方案。這種方法認爲每個人都有自我療癒的能力，只需要適當的引導和支持。

總體來說，艾瑞克森催眠被廣泛應用於心理治療領域，特別是在焦慮、憂鬱、成癮、創傷後壓力症候群（PTSD）等問題的治療中。通過改變個體的思維模式和行爲習慣，幫助個體實現心理健康和生活質量的提升。

除了操作風格的區別之外，依據目的以及操作技術的不同又還有「標準式」、「自我催眠」、「臨床催眠」等取向。

標準式

標準式雖然有時也會被訓練有素的催眠師使用，但大多是應用在催眠研究。因爲這種方法有一個堪稱標準化的流程，對個案使用相同的誘導和相同的干預策略，如此一來便可將變數盡可能降低。這種方法依賴於這樣一種觀念，即催眠的成功是個案而非催眠師的某種能力（暗示性）的結果。

標準式當然也可以應用於一般催眠，作爲漸進式的放鬆，其簡單化的流程能夠避免情緒波動過大，也就可以更安全地讓被催眠者達到放鬆。不過相對的，對於這樣安全的手法，就無法期待它能深入解決個案的問題，畢竟要解決問題必須更進一步深入個案的潛意識，風險自然也會跟著提高。這也是爲什麼在對特定議題進行催眠時，應該尋求經過專業訓練且經驗豐富的催眠師，避免因爲催眠師的能力不足，引發潛在的危害。

自我催眠

自我催眠是一種個人實踐技術，通過自我誘導進入放鬆狀態來實現目標，如減輕壓力、改善睡眠等。雖然過程類似於在催眠師的幫助下進入催眠狀態，但自我催眠就像一把雙面刃，不當操作使用可能造成巨大傷害。

在操作自我催眠之前，操作者應先評估自己是否眞的了解催眠，例如曾經上過催眠課程或是體驗過催眠療程，已經大致知道催眠過程中的感覺與狀態。像我（作者本人）的部分個案在經過五、六次催眠後，就可以視情況教他們練習自我催眠，讓他們回到家也可以稍微地放鬆自己。

自我催眠有一個很重要的前提是，要先能知道自己可能會出現什麼樣的情緒，當這些情緒在自我催眠時出現應該如何處理，以及如果無法處理是否有一個適當且專業的人能夠幫助你解套。尤其現今台灣在自我催眠領域有許多不同派別，其中運用的技巧和操作過程很難有一個標準，如果只是學了一套流程就擅自進行，卻不小心帶出了深藏多年的創傷或陰影，進而導致焦慮、失眠或憂鬱等狀況，反而會需要事後花費更多心力才能恢復。

在我看來，自我催眠有些像是去醫美診所打減肥針，有些人打減肥針成效卓著，有些人卻一打針就過敏送急診。自我催眠也是一樣，對某些人來說就如同冥想，催眠過後更自信更平靜，某些人卻無法接住在過程中出現的情緒。

簡單來說，一般民眾單純練習自我催眠，讓自己進入放鬆狀態，是可以安心練習與嘗試的，只需切忌在自我催眠過程中去探索過去創傷，以免造成二次傷害。

臨床催眠

臨床催眠屬於一種心理治療技術，通過誘導患者進入一種放鬆、專注且容易接受建議的狀態，以幫助個案處理問題，減輕身體不適或是改變行爲習慣。在臨床催眠中，催眠師會使用與個案合作的方式，引導個案進入催眠狀態，並通過建議和暗示來促使個案產生正面的改變。

催眠在臨床應用中，可以幫助個案深入潛意識層面，從而找到解決問題的方法或是改變負面思維模式。心理上，可以協助解決焦慮、壓力、憂鬱等情緒困擾；生理上，也可以應用於治療睡眠障礙、慢性疼痛、壓力管理、減肥等問題。

每種催眠派系都有其獨特的方法和應用領域，選擇合適的催眠派系取決於個人需求和目標。值得注意的是，在尋求催眠療癒時，必須選擇受過專業培訓與合格認證的催眠師，以確保安全性和有效性。此外，雖然催眠在臨床上有許多應用案例，但其結果因人而異。

催眠的歷史

通過催眠改變人的行爲由來已久，翻查歷史，甚至可以追溯到史前時代，古埃及的宗教儀式中就有藉由祈禱和音樂進行催眠的紀錄，部落巫醫和宗教領袖用它來治癒病人，將療癒效果歸功於神仙。儘管很多時候並非統一使用「催眠」這個詞彙，但催眠這項技術長久以來，都被認爲對身心靈有確實的益處。

從不科學到科學的過程，經過成千上萬的知識份子研究與修正，逐漸發展成現代我們所認知的催眠。

現代催眠的發展大約在十八世紀末慢慢成形，奧地利醫師法蘭茲・安東・梅斯梅爾（Franz Anton Mesmer）提出「動物磁性說」，認爲疾病的產生是因爲人體裡的血液及神經系統的磁流被阻礙，要治療疾病就是要調整身體裡的磁流。他在燈光與音樂的應用下，使用磁鐵來拂過被催眠者的身體，讓對方進入恍惚狀態，聽從醫囑除去磁流的阻礙。雖然從現代的觀點，我們可以知道其效果並非來自磁力，但梅斯梅爾的手法普遍被後世認爲是現代催眠的鼻祖。

到了十九世紀，在印度執業的蘇格蘭外科醫師詹姆斯・埃斯代勒（James Esdaile），擁有數百例運用催眠術於手術的成功紀錄。在一八四六年提交給英國醫學協會的一份報告中指出，埃斯代勒已經無痛進行了數千次小手術以及三百次大手術，其中包括十九次截肢，將當時的死亡率從 50% 降低到 8%。即使醫學會已經禁止在大學醫學院使用催眠術，卻還是接受了埃斯代勒的報告，並將他分配到加爾各答繼續他的「催眠術」實踐。原因是，他們相信對印度「未受過教育的群衆」來說，催眠術仍然具備療效。儘管如此，催眠這項技術至此仍沒有一個統一的稱謂，更不被現代醫學所認可。

直到一八四三年，外科醫師詹姆斯・布雷德（James Braid）才爲此現象定義了 hypnotism（催眠術）、hypnosis（催眠）等專有名詞。

布雷德發現在實驗中，某些個案只要簡單地凝視著一個像懷錶之類的發亮物體，就能夠進入到出神的狀態。他認爲人們在這個狀態中，可以更容易調整神經生理，針對像頭痛等症狀十分有效，於是以此作爲基礎對催眠進行臨床和實驗審查，試圖將催眠從神秘以及動物磁性的聯繫中解脫出來。

布雷德認爲，期望程度會增加個案對催眠的敏感性，並發展了關於催眠中使用暗示理論。最後更提出被忽視了一個多世紀的基本發現，即催眠可以在沒有正式誘導情況下實現。由於現代催眠許多理論都是奠基於布雷德的發現，因此他又被稱爲「現代催眠術之父」。

第二次世界大戰期間由於物資補給不足，很多時候必須在沒有麻醉劑的情況下進行手術，部分戰俘醫院便採用催眠療法爲病患帶來麻醉效果。這麼做不僅手術成功率讓人驚艷，而且還縮短了治癒時間。此事實吸引到不少案例報導，讓越來越多醫師和牙科開始認同並使用催眠技術，催眠的醫療用途與受重視的程度再次提升。

到了二十世紀中期，美國精神科醫師米爾頓・艾瑞克森更進一步開啓了應用催眠技術。艾瑞克森將催眠引入心理治療領域，開創出獨特的艾瑞克森催眠法，其強調療程應該以病人爲中心，根據個人需求量身設計催眠過程。艾瑞克森會先了解病人的興趣、生活經歷和言語模式，接著才開始進行催眠導引，建立良好的信任與合作關係（詳見本書 P.22「母系式」）。

艾瑞克森認爲每個人都能進入催眠，並重視催眠過程中無意識心理的溝通。基於這個理論，他開發了「利用方法」的概念，每個人都可以找到適合自己的放鬆方式，可能是利用 NGH 的父系催眠，也有可能借助外在器具如頌缽，就能達到類似的效果。

艾瑞克森是臨床和實驗催眠協會的創始人，將催眠運用於療癒憂鬱、創傷後心理疾患等，並幫助了上萬名病人，使催眠這項技術得以深入臨床心理學與心理治療領域，開拓了催眠在心理治療上的廣闊應用與發展空間。

一九五五年，英國醫學協會開始將催眠使用在臨床醫學。緊接著一九五八年，美國醫學協會也開始在臨床使用催眠技術。

一九七五年，英國勞工部出版的職業名稱辭典中，首度列出了「催眠治療師」這項職稱。

時至今日，世界催眠組織已經統合了催眠師應有的準則與操作原則，催眠普遍被使用在牙醫、一般醫學及心理學，也可與傳統治療做搭配應用。

催眠對現代人身心的益處

催眠是一種有用的行為矯正工具，也是一種自然放鬆狀態，人在這樣的狀態下可以進行最佳學習，並且感知一個人的精神及內心生活中的微妙層次。催眠已經被證實可用於增強創造力、減輕體重、控制疼痛，並且在改善運動、加速癒合、無痛牙科、自然分娩、改善學習習慣與減輕壓力等方面都有顯著成效，更可幫助被催眠者設定與實現目標，並進一步克服心理和情緒障礙。

現代人生活與工作壓力大，不少人出現白天異常焦慮，晚上無法入眠，嚴重甚至會有脹氣、頭痛、疲倦、便秘等症況，這些都可能是自律神經失調所致。自律神經的組成包括交感神經和副交感神經，交感神經類似油門，副交感神經則類似煞車。在正常情況下，交感神經和副交感神經會互相調節維持平衡狀態，然而因為壓力導致交感神經太過活躍，就可能會出現睡眠障礙。

透過催眠調整呼吸規律，漸漸放鬆，啓動體神經來抑制交感神經，讓身體神經回到自然的睡眠機制，對於協助睡眠的效果非常明顯。尤其如果個案長期服用安眠藥等藥物，時間久了藥物效果明顯下降，卻又不想加重藥量，催眠可以是藥物之外的另一種替代方案。

透過催眠與潛意識進行溝通，在催眠師的幫助下，從困擾已久的事件、情緒、心理反應等因素中釋放出來，達到內心的解脫，連帶地緩解睡眠障礙。

催眠的迷思

對多數人來說，催眠是個富有神秘色彩的療癒方式。正因爲對催眠有如霧裡看花，再加上以往娛樂性質高的電視、舞台節目所呈現的催眠方法根植於大家心中，所以常見人們對催眠產生迷思，甚至可能影響被催眠者與催眠師的溝通。以下詳細說明三種最常見的問題。

催眠會完全失去意識？

在許多人的印象中，一旦被催眠後就會完全失去意識、失去自我控制的能力。這也是爲什麼常有人說因爲自己太過理智、主觀性很強，很難被催眠。然而剛好相反，催眠並不會讓人失去意識，反而是讓意識「更加專注」，才能夠從潛意識中找到蜘絲馬跡。

既然不會失去意識，當然也不會失去自我控制的能力。在催眠過程中不僅能夠自由地表達，還完全可以自己決定要分享什麼、什麼時候選擇沉默；甚至舉手、喝水、拿衛生紙擦眼淚等動作都是按照自己的意識完成。所以坊間很多傳言催眠會讓被催眠者說出秘密，所謂秘密，還是取決於個案對催眠師的信任與意願。事實上，由於催眠讓人更容易接觸到潛意識的資源，被催眠者甚至可以在恍惚狀態下說出更有創意的謊言。

理智程度決定容不容易被催眠？

一個人容不容易被催眠？在討論這個問題前要先了解的是，催眠需要個案極度專注，並且邏輯思維可以跟得上催眠師的對話，配合起來效果才會快速有效。雖然過往的研究結果在在顯示，越理智的人越容易進入催眠狀態，並且可以更好的利用他們的痕跡經驗（即大腦中的回憶，無論眞實發生過或只是單純腦補）；然而，這並不代表反應較慢的人就不適合催眠。

事實上，相較於個案本身的理智程度與反應力，催眠師的經驗和技術更是至關重要。

每一次催眠，都考驗著催眠師的專業度與技術，催眠師須透過經驗與觀察切換多種不同技術。面對反應慢的個案，如果能多一些耐心去找出讓他放鬆的方式、取得信任，仍能使個案順利被催眠。

相反地，針對被催眠的個案，當與催眠師面談找出催眠的目標，便是合作的開始。此時不用擔心自己容不容易被催眠，只要準備好一顆願意探索與接納自我的心，勇敢跳出當前的狀態，就有機會遇見更好的自己。

把前世今生回溯當催眠目的？

前世回溯是現在相當熱門的催眠主題，我的許多個案也對前世今生回溯非常好奇，但一般來說，如果只想來找我單純做前世回溯的個案，都會被我回絕。

首先，個人認為我們的苦惱和困擾、內心過不去的坎、放不下的結，其實都源自於我們自己的想法，而這些想法都跟潛藏在潛意識中的價值觀與內在信念有關。

也就是說，解決問題所需要的答案，都在今生今世，在今生今世發生的事情才是需要被關注的重點。

其次，前世回溯是一件危險的事情，個案與催眠師都無法事先知道，在接下來的催眠過程中會進入到哪一世，也不能掌握會出現何種畫面。如果催眠師不具備一定的經驗與技術專業，沒辦法好好地爲個案處理及收尾，反而會對個案造成二度傷害。而催眠道德中很重要且基本的原則是，不帶給個案二度傷害。

這一世我們已有很多問題需要解決，或是要克服原生家庭帶來的影響，何須回去前世把它拿來增加今生煩惱。

不過，並非完全不能出現前世回溯。在正常催眠下，假如個案於恍惚狀態中自己進入前世，我就可以繼續引導，讓個案能專注地發掘出回到前世能幫助他找到什麼答案。在這種個案自動進入前世的案例中，催眠師要做的是藉由前世來協助個案面對問題（可見本書「答案在前世或今生？」）。

催眠師的保護罩

催眠師時常接受負面情緒，自己的狀態難免會受到影響。老實說，我自己在剛開始執業時經驗不多，也多少會被影響到，因此曾嘗試像學長姊們一樣，透過唸經文和禱告等方式，想像自己有被一層保護膜包裹著。

然而，當接觸到的個案越來越多，經驗逐漸累積之後，我反而開始發掘個案們負面情緒背後的力量。那些悲傷、憤怒、焦慮及憂鬱，都是個案的生命正在用這樣的方式保護著他們自己。

悲傷，讓個案知道自己現在狀況不好，未來要避免；憤怒，給個案力量去改變不想要的狀況；焦慮，提醒個案更認真對待某些事物；憂鬱，讓個案在黑洞中努力尋找一點光與溫度。所有的情緒底層都會回溯到，個案是用這樣的方式在愛著自己，在乎著自己，保護自己。

雖然個案自己可能也不知道，是從什麼時候開始學會用這樣的方式去愛自己。無論如何，當身爲催眠師的我開始換個角度看待每一位個案的負面情緒，將之視爲其內心深處的愛與力量之後，就再也沒有被個案的負面能量影響過。

走進催眠師診間

寫給想嘗試催眠的您。在催眠之前，以下問題可能是您想知道或需要注意的事項。事先做好功課與準備，接下來只需要敞開心胸，去擁抱更好的自己！

如何挑選適合自己的催眠師

現在網路發達，打開瀏覽器搜尋催眠師就會跳出上千個結果，不過需要注意的是，如何挑選一位真正適合自己的催眠師。

每一位催眠師取得的執照不盡相同，有人是 NGH 執照，有人是 ICAT 認證，也有人同時擁有好幾個執照。此外，每一位催眠師專長的領域也不完全一樣，像我比較著重在原生家庭、感情和藥物、菸酒成癮等問題，其他的催眠師則可能擅長處理睡眠障礙、過動兒或增強記憶等，甚至也有些催眠師不會設限，什麼議題都願意嘗試。此外，如果是本身有憂鬱症，或是正在服用身心科藥物的個案，那麼尋求有臨床催眠執照的催眠師才是最安全的選擇。

因此，建議在實際造訪催眠師工作室之前，可以先去電詢問及溝通，讓自己對催眠師有大致的認識，而催眠師也會對你的需求有所了解，有助於雙方判斷是否適合開始催眠療程。

催眠師收費

除了要選擇合適的催眠師以外，多數有意願嘗試催眠的人會同時對收費產生疑問。坊間有這麼多執業催眠師，收費當然會依照經驗與資料產生落差。

有些剛拿到執照，個案經驗不多的催眠師，可能不會明文標示如何收費，而是由個案自己包紅包給他們。至於已經有一定經驗，且自己有成立公司，專職在催眠領域的催眠師，則通常都有明碼標價，五千元以內居多。更資深的催眠師收費可能落在五千以上，甚至上萬元也不足爲奇，端看其經驗與資歷。

催眠前的身心準備

在決定好要尋求哪一位催眠師協助之後，請切記催眠的前一天不要喝酒，且盡量維持作息與睡眠正常。催眠是個需要高度專注的過程，若是睡眠不足或宿醉，肯定會影響催眠的效率與效果。

此外，有些人可能會怕在催眠過程中說出了什麼秘密，最後被洩露出去。其實在正式開始之前，催眠師與被催眠者都必須先簽署一份保密協議，大可不必擔心隱私或機密外洩的問題。請記住，進入催眠狀態其實是基於被催眠者的選擇，唯有被催眠者選擇信任催眠師後，才會開始選擇去跟隨催眠師的引導。

既然決定要嘗試催眠，不妨敞開心胸去信任且配合自己所選的催眠師，讓催眠師幫助調整對自己有益的心理狀態，透過潛意識擁抱更棒的生命品質。

Part 2
以催眠解開真實人生課題

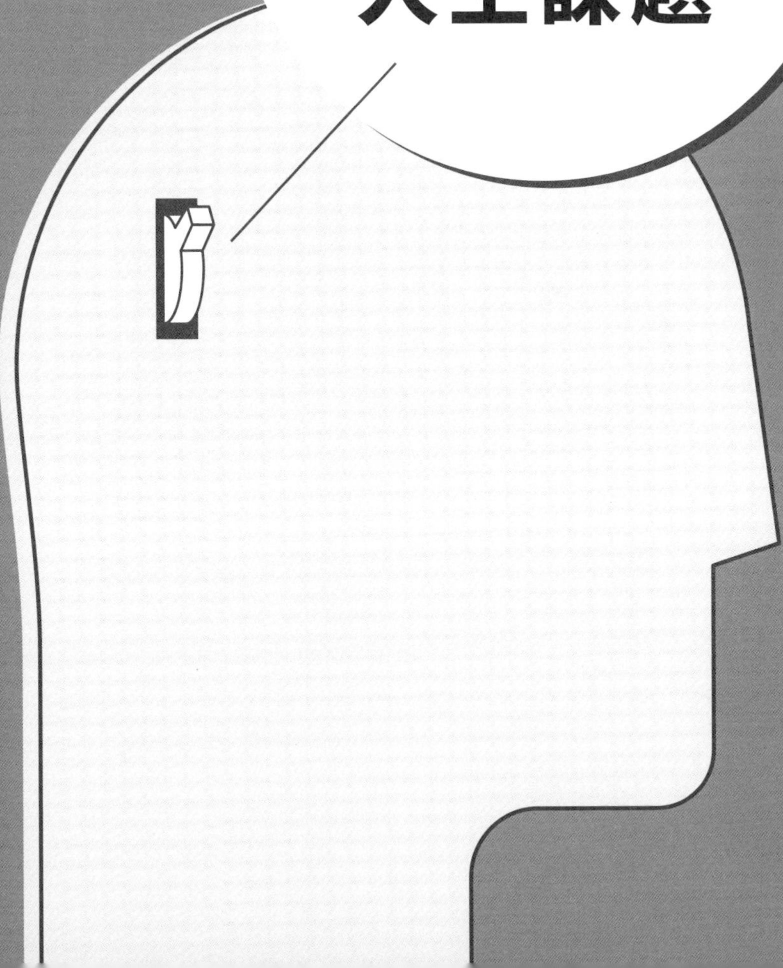

酒後沒說出口的對不起

初次見到晉豪是在他父親開設的診所，彬彬有禮又開朗，再加上陽光健壯的體型，很難不對他留下優質印象。只不過我當時沒想到，在這健康的外型背後，晉豪卻藏著彷彿變一個人的人格，以及難以擺脫的困擾。

晉豪是透過他的父親引薦而來。父親早先因爲婚姻問題的壓力與困擾而尋求我協助，在接受催眠及精神科醫師藥物控制改善問題後，才請我也透過催眠幫助他兒子解決困擾。

晉豪父親提到，雖然晉豪平日看似充滿自信，但偶爾會因情緒低落而酗酒。酒醉之後彷彿變了一個人，不僅亂摔東西，還會動手傷到家人，更可能會自殘。爲了解決晉豪的問題，家人試著帶他去精神科掛號，晉豪雖然配合就醫卻不願意吃藥，如此一來，自然看不到任何改善。

更嚴重的問題來了。晉豪在父親所開的醫美診所負責行政業務，他對其中一位女性客人一見鍾情，可是對方始終和他保持距離。越被拒絕，晉豪就越想得到，終於有一次趁著手術過程中偷偷使用對方的健保卡查看個資。取得對方聯絡資訊後，晉豪每次喝醉酒便半夜打電話騷擾這位女性客人，對方雖然屢次向其父母親反映，騷擾狀況卻沒有停止，直到演變至一發不可收拾……。

透過偷看個資，晉豪得知這位女性已婚並育有一子。在情感始終得不到對方回應之下，晉豪竟然拿對方的小孩來威脅人家。作爲一個母親，對方再也忍無可忍，直接連絡晉豪的父親要求給個交代，否則就要報警，並透過媒體揭發這件事。

竊取個資情節不小，若這件事鬧大，不只晉豪要吃上官司，診所也會受到牽連。知道自己這次麻煩大了，晉豪只能站出來當面向對方道歉。雙方在診所的陽台碰面，晉豪當場便直接下跪道歉，並表示絕不再犯。對方看到他這樣也開始心軟，又知道他心理狀況不太正常，本打算最後再警告他幾句便作罷。沒想到，晉豪就在此時精神崩潰，不知從哪裡變出了一支射飛鏢用的鋼頭，往自己的手臂猛戳，最終這事件就在衆人一片驚惶中草草落幕。

② 找回內心墜落的記憶

騷擾事件落幕之後，晉豪的父母認爲有必要更積極地解決兒子的問題，既然他不願意配合精神科的藥物治療，不如就跟他父親一樣，試著透過催眠改善狀況。

「書本催眠法」的約定

儘管在與晉豪進行第一次面談前，我已經在他父親的療程中知悉了大致的狀況，但實際接觸時，我必須先把自己已知的這些事實抽離，將他視爲一個全新的個案。

因此，我問他的第一個問題是：「你爲什麼會來找我？」。他當下告訴我，他喝醉酒後無法控制自己的行爲，但他認爲自己只是喝酒後比較容易生氣，說話聲音比較大。在他的言語中，我感受到他很大程度地美化了自身狀況，但即使我已對晉豪的狀況有所了解，也不能當場說破，反而要相信他所說的話。

催眠首重信任

催眠者與其催眠對象互相信任度越高，催眠效果才會越好。作爲一名催眠師，只能聆聽，並藉由詢問來引導對方吐露更多細節，對於催眠對象所說的內容不應該反駁，以免個案受到第二次傷害，這是每一名催眠師都要奉行的準則。

在聆聽晉豪的說法後，我問他是想要戒酒，還是想要戒掉喝醉酒後的失控？晉豪思考片刻後表示，希望能盡量少喝酒，即使喝酒也不要喝到醉。這個過程讓我感覺到晉豪確實有心改善，並仔細思考過要如何解決問題，而不是只空口說白話。

接下來，我們進入正式的催眠療程。第一次會面我對晉豪採用「書本催眠法」。先請對方閉上眼睛放鬆，想像眼前有一本書，此時有風吹動書頁，我會讓對方決定會在書本的第幾頁停下來。接著詢問對方頁數以及在這一頁上看到了些什麼。晉豪告訴我他看到了藍天和白雲，我接著問他看到這個畫面有何感受，而他回答感受到舒服、放鬆與溫暖。

於是，我進一步試探性地問他，在這個情況下，如果喝酒是否能控制自己少喝不追酒。當他表示可以後，我便開始在催眠狀態下引導他想像，像平時一樣在家喝酒，但非常克制地只喝一小杯。演練過一遍後我將他喚醒，由於在催眠過程中晉豪有達到自己的目標，他似乎相當開心，並告訴我煩躁的指數下降了非常多。

這是我和晉豪的第一次會面，雖不能說沒有效果，卻尚未觸碰到更深層的問題。一般來說，第一次會面後一星期內要接續第二次會面，但晉豪卻沒有再出現。直到半個多月後，他才在半夜傳訊息給我，並在隔天立刻到我的工作室進行諮商。

原來，過去幾個星期他一直都控制得很好，但前一天一支平時幫他賺錢的股票忽然大跌，導致他一時間成就感盡失，沮喪之餘忍不住又開始買醉。更糟的是，還把勸阻他喝酒的弟弟給砸傷了。

晉豪表示這次來找我，除了想維持控制自己喝酒的效果外，還提到事後完全不記得，也不相信是自己讓弟弟受傷，若不是家裡裝的監視攝影機紀錄下全程，他會矢口否認自己犯的錯。

即便有錄像影片爲證，晉豪仍無法完全接受事實，來到我的工作室時仍陷在糾結躁鬱的迴圈中。

「導演技術」引出墜樓陰影

爲了穩定晉豪的情緒，我趕緊協助他進入催眠狀態。一開始還是先以「書本催眠法」誘導他放鬆，當他再次看見藍天白雲的場景時，我試探性地問有沒有聽到什麼聲音，或是看到什麼人物、動物。

這時候，晉豪告訴我他看到了曾經養的一隻叫「黑糖」的狗，並表示他想對黑糖說對不起。但當我進一步追問原因時，晉豪只說他很自責沒能把黑糖照顧好，詳細狀況卻始終無法清楚地表達出來，更無法得知爲什麼黑糖會與前一晚發生的事情牽扯在一起。

於是我轉換催眠途徑，開始使用「導演技術」。這個催眠方法是讓催眠對象將自己想像成一個導演，賦予他權力讓他去安排任何人來出演故事中的角色，讓催眠對象跳脫出來，把原本不知道該如何敍述的故事以第三者角度呈現。

晉豪這才娓娓道出事情的原委，黑糖最初是他與前任女友一起飼養，後來前任出國，兩人也分道揚鑣，黑糖則由晉豪繼續照顧。

前任女友回國後聯繫晉豪，表示想探望黑糖，殊不知這場探視卻帶起了晉豪內心深處的另一面。前任在和黑糖互動之後就離開了，這讓一向充滿自信的晉豪難以接受，因爲在他的想法中，對方沒有他應該要很難過、生活過得很煎熬，然而前任卻彷彿沒事一般，不僅不再需要他，甚至對他毫不留戀。而當晉豪試圖向對方調情時，前任也很明確地劃清界線。

自尊心受創的晉豪開始將情緒轉嫁到寵物黑糖身上，覺得既然前任如此絕情，自己又何必珍惜兩個人一起養的狗。在情緒決堤的情況下，晉豪將黑糖從高樓層的陽台往樓下摔了出去。然而，後來他哭著打視訊電話給家人，告訴家人黑糖失足從陽台欄杆間的縫隙摔落。

用催眠破除自我催眠

這件事情之後，晉豪便開始活在自己所編造的事實之中，自我催眠寵物黑糖是自己失足墜落，而不是被他摔下樓。雖然晉豪在日常生活中行若無事，但黑糖事件的眞相一直深藏在他的潛意識中，形成一種壓力和陰影。一旦周遭親友有人提到黑糖，晉豪就會開始害怕遭到別人質疑，因而出現「是不是我也要乾脆和黑糖一樣去死」這類極端的情緒勒索話語，以避免再有人問及此事。

由於長期承受著壓力，晉豪的生活中時不時會與人摩擦，或是出現脫序行爲，而他總是陷入自我催眠的狀態，發生狀況時就會傾向將自己美化，不願意面對事實。因此，才會發生酒後失態傷人，事後卻在自己腦海中形成另一種與事實相悖的劇本的情況。

經過催眠將眞相說出來後，晉豪反而更能夠去面對事實，終於可以接受是自己做了這件事，不再害怕別人提到黑糖。當然，這個事件在晉豪心中還是一個疙瘩，他也偶爾會再出現酗酒的問題。當他再次向我表達希望能夠戒酒的意願時，我嘗試建議他再去看一次精神科，並將黑糖的事件告訴醫師，畢竟醫師要掌握事情的全貌才能對症下藥。而這一次晉豪不再抗拒，反而坦然地向醫師敍述實情，而且接受住院治療，透過藥物幫助戒酒。

如今，晉豪已能維持情緒穩定，久久才需要回診追蹤一次。更重要的是，不僅他對自己的改變感到滿意，父親的情緒也因爲他的好轉而得到更好的改善。

與讀者對話

罪的另一面有可能是不同風景，要去看到它更美好的那一面，還是持續逃避將它放在內心安全的角落？當人渴望被理解但又害怕被看穿時，無形中內心會形成一層保護殼，這層保護殼會讓我們很難走出去，同時也阻擋著別人走進來。雖然偶爾躲在殼裡，能與自己對話好像會有安全感，但拉扯與糾結反覆矛盾時，就需要試著尋求專業人士的協助與引導。

催眠可以引導人找到一條有光的小路，一步一步讓潛意識帶領我們找到出路。雖然外界給的建議或道理我們都懂，也明瞭那些建議對自己有益，然而外界千言萬語的影響力，都不及潛意識對自己說的一句話。

透過催眠引導，能更容易地接近潛意識中那個柔軟的自己，頓悟也許就此發生。面對矛盾，你所需要的不是向外界借力量，而是更靜下心聆聽潛意識的自己，給予自己堅定的力量及勇氣。藉由催眠，察覺自己就能給自己力量、理解和接納。當有足夠勇氣面對問題時，再加上催眠師專業引導所帶來的安全感，潛意識會讓你比任何人都更有意願去解決問題。

不讓曾經成為現在的理由

作為一個取得講師執照的催眠師，除了自己的工作室外，我也經常受邀去不同的企業與社團演講並進行團體催眠。由於這類型團體催眠的時間都不長，頂多十幾分鐘，我多數只會做個簡單的放鬆催眠，不會去針對什麼特別的目的或議題。然而在某一次集體催眠的場合中，其中一位名叫鄭芝穎的小姐卻全程不斷掉眼淚，等到散場後還跑來問我，為什麼我一開始催眠課程她就會忍不住想哭。

……

收到芝穎意外的反應，我問她在集體催眠的過程中想到了什麼畫面或事件讓她想掉淚？她告訴我，感情一直以來都是她跨不過去的坎。芝穎才三十出頭歲，但年少得志，早早便自己創業成功；人際關係上也是八面玲瓏，在朋友圈裡是大家的開心果。看似什麼都不缺的她，唯獨感情始終沒有結果。

因爲演講會場當下人來人往，在簡短敘述自己的狀況後，芝穎便和我約定了第一次的一對一催眠。

初次催眠，芝穎就直接了當地指出，在感情中她放不下的是一段在四五年前結束的戀情。當時的男朋友與家人住在一起，因爲是獨生子，又從來沒有出外獨居過，前男朋友向來都不必分擔家務。在兩人交往期間，芝穎偶爾會到對方家中過夜，每到想吃宵夜的時候，前男友便會下廚幫她準備，沒想到這樣一個甜蜜的舉動，卻引來對方母親吃味，認爲平時都不捨得讓兒子進廚房，現在卻爲了一個還沒結婚的女生親自開伙。

此外，前男友是一般的受薪階級，雖然收入穩定，但月薪只稍微高出基本工資；反觀芝穎事業有成，生活不虞匱乏。這一點也讓前男友的母親認爲兒子若是娶了芝穎，就像是古代的平民娶了一個公主回家供養，將來兒子不僅會過得比較辛苦，還可能會失去尊嚴抑或出現自卑感。

儘管感受到前男友的母親沒有太喜歡自己，芝穎依然努力地試圖讓對方接納自己，但始終無法得到認同，一直被冷漠以對。

某一次她如以往在男方家裡過夜，洗澡後換下來的衣物本想自己帶回家洗，男友卻說只是丟洗衣機攪一攪而已，留在他們家一起洗就好。殊不知過了兩天芝穎回男友家，發現她的衣服被丟在房間的地板上。原本以爲是前男友後來覺得不適合才拿了回來，一問之下，前男友一頭霧水，這才曉得原來是對方母親丟的。爲此，前男友忍不住去找母親理論，反而招來母親對芝穎更強烈的反感，認爲芝穎還沒嫁過來就想讓她幫忙洗衣服。

這次事件之後，芝穎再也沒有到前男友家過夜，兩人的感情不免留下了一些疙瘩。後來某次兩人討論到結婚的議題，芝穎半開玩笑地跟對方說「想娶我至少要準備一顆夠大的鑽石戒指才行」，這句話讓前男友頓時產生一股無力感，儘管她只是開個玩笑，卻很明確地點出了兩人的差距，以及男友與她在一起的壓力。這句玩笑話成了壓垮駱駝的最後一根稻草，對方覺得既然不適合就不要再耽誤彼此，雙方就此和平分手。

分開之後的四、五年來，芝穎並非沒有遇到新對象，兩人關係好時確實還不錯，能讓她暫時忘記前男友。但每當發生一些小摩擦，讓她萌生「可能不適合」的念頭時，芝穎總是又想念起前男友。這種時刻讓她特別難過，總覺得世界上除了這位前男友之外，其他男生都沒有辦法如此了解她。而據芝穎所知，這位前男友在分手以後都沒有再出現新的戀情，可是雙方都清楚從現實面來看，即使複合也不會有好的結果。

於是，芝穎不斷地陷入這個循環中，新戀情一但不順遂，這位前男友就成了她內心深處逃避問題的理由，導致之後的每一段戀情都無法持久。

解決當下

芝穎很清楚自己當下需要解決的議題，不是如何忘記前任，而是擺脫前男友的羈絆，不再將他當作終結新戀情的理由。根據她的狀況，我認爲心理諮商中後現代取向的「焦點解決短期治療」，可以爲芝穎找到調整心態與情緒的方向。

「焦點解決短期治療」專注現在與未來

和本書提到的其他案例不同，「焦點解決短期治療」更著重於現在及未來，不必太追究造成困擾的成因，而是專注於個案想要解決的問題。由於芝穎目前已經與過去的回憶拉扯了很久，但她還是有能力做出改變，若是刻意把思考焦點放在過去的問題上，反而會阻礙她找到有效解決問題的方式。

「焦點解決短期治療」提供了面對問題的方向，具體做法則是要以目標導向，這個理論的重點之一是——一小步可以導致大改變。因此，必須爲每一次催眠設定一個目標，並且每一次都要訂立一些回家作業讓個案去完成。

催眠時，我選擇先以「艾瑞克森催眠」讓芝穎放鬆進入催眠狀態，因爲這個學派的技術提供更多選擇給催眠對象，讓個案有很多想像以及創造的空間，正好與「焦點解決短期治療」常會用到的「奇蹟式問句」相輔相成。例如在催眠過程中，我會賦予芝穎一支魔法棒，她能使用魔法棒再次回到某個情境中，而在這個情境中，即使遇到了不適合的對象或是與對象發生任何摩擦，都要把心力放在和當下的這個對象身上，而不是再次把前男友帶入情境中。

至於回家作業，是要讓芝穎繼續維持在催眠過程中的演練，並從中將改變內化。例如芝穎有提到每次在新戀情中發生不愉快時，便會想到前男友而影響情緒，進而導致她在溝通上口氣很差、憤怒且音量分貝明顯提高，變得讓人難以適應，對方也更難理解她的感受。針對這點，我們要做的就是先在催眠中不斷演練好聲好氣、清楚表達自我的溝通方式，催眠結束後，芝穎也應要求自己將這個成果代入日常生活。

不打擾的心上人

在每次的催眠過程裡，芝穎時不時還是會在潛意識中，讓思緒回到那位四、五年前分手的前男友身上，這時候催眠師就要適時打斷，讓她重新把焦點回到現階段的問題上，找出調整的方法。

當芝穎回到自己的生活中，遇到問題或是又回到與過去的拉扯中時，她也可以隨時聯絡我。但此時，我不一定要提出解決方法，重要的是安撫與同理心，以及要相信她是願意解決自己困擾的。這麼做才能讓個案感受到自己的難處有被理解，心裡產生安定感與信賴。芝穎的情緒穩定後，才會慢慢往前走，這個時候她的語言與行爲模式都會改變，轉而將注意力放在和現任男友產生摩擦的原因上，並開始企圖找到解決方法。

漸漸地，芝穎發現自己將心思與情緒放在當下後，溝通方式也跟著改變，讓對方也跟著做出調整，雙方都更能清楚表達自己的立場與感受，也更懂得去理解對方。前男友仍舊在她的心中，但不會再像以前那樣跑出來打亂她的情緒。

她甚至意識到，即使和現任男友眞的不適合，那也應該是她自己覺察到有哪些地方不適合，而不是透過比較來否定一段感情。其實不只是感情，在工作上和人際相處方面，芝穎也變得更面面俱到。

作爲一個催眠師，很多時候必須要讓個案知道自己是有能力做出改變的，我們的工作只是要幫個案引導出那份自信，讓他們在遇到問題時專注於解決方法，而不是再被潛意識牽著鼻子走而選擇逃避。

與讀者對話

像本篇個案分手多年仍無法放下前一段感情的狀況，很多是因為當事人所受的委屈一直沒能被真正地正視，所以才會像個死結一般，不斷在內心纏繞著。

無論任何的情感，一旦它一直困擾著你，讓你常常不自覺地流眼淚，這其實就已經是一個警訊，當發現到這樣的狀況，就應該去身心科嘗試治療。如果一直放著不管，這個心結會逐漸侵蝕生活，最常見的就是會出現睡眠障礙，也有些案例會影響食慾。

上述問題都只是一個結果或一種徵兆，唯有心理師或催眠師藉由專業知識及技術，幫助個案回頭去檢視個人的心結或議題在哪裡，才能從他們的故事去幫助他們更瞭解自己，進一步解決睡眠，甚至人生的課題。

在幸福的愛中失去自己

在多數人印象中，會影響情緒進而導致身心受創的，多半是生命裡不順遂或悲慘的遭遇；事實上，幸福的生活也有可能在不知不覺中帶人走上鬱悶的道路。從美國學成歸來的阮之芸生活不虞匱乏，感情也穩定發展，但為了維持這些在別人眼裡看似美滿的生活，反而使她迷失了自我。

小小年紀就隨家人到美國求學，握有美國大學文憑的阮之芸堪稱高材生。回國時正值青春年華，事業心強的她很快地自己創業，在凡事親力親爲下做得順風順水。沒想到這時，卻意外與當時才認識一個月的交往對象發生關係而懷孕。

既然懷孕了，雙方就決定奉子成婚。由於沒有什麼深厚的感情基礎，婚後之芸早早就與對方分房睡覺，並且在小孩出生後一年左右就迫不及待重回職場。此後小孩幾乎都交由丈夫照顧，之芸則完全專注於自己的事業，沉浸在工作上的成就感中。除了事業之外，多才多藝的她也花了不少時間在自己的興趣上，高爾夫、登山和油畫等，再加上各種社交應酬占據了她大部分的下班時間，因此，實際上花在家庭的時間屈指可數。

而在感情方面，因為是倉促成婚，之芸和丈夫在婚後就沒有太多情感交流。貌合神離的兩人似乎互相有默契，不太會去干涉對方的感情生活。結婚十多年來，之芸身邊一直不乏追求者，她也曾經談過幾段戀情，但最後都不了了之。

為了尋找情感上的依靠，之芸開始透過交友網站認識新對象，讓她遇到了來自金融業世家的袁小姐。兩人認識不久後便相約見面並且一拍即合，之芸這才意識到原來自己在同性的感情中，能感到更自在更甜蜜。

在濃情密意下，兩人剛開始交往不到半個月，之芸就下了與丈夫簽字離婚的決定。

為了能夠盡速完成離婚的各種手續，她甘願放棄所有的權利，除了小孩的共同撫養權之外，她不要求任何贍養費，也不要求財產按比例分配。儘管丈夫開出房產、店面等提議試圖挽留，之芸依舊沒有妥協，只求淨身出戶重獲感情自由。

爲了不造成袁小姐的壓力，之芸還是趁著對方出國之際，盡速辦完所有離婚手續，以免對讓對方覺得是因爲她的介入而導致之芸離婚。

儘管爲了愛不惜放下一切，之芸和袁小姐也確實兩情相悅，但這段感情卻有個無法跨越的障礙。來自一個在金融業舉足輕重的家庭，袁小姐的戶頭長期以來就被父親利用做資金周轉，因此父親是絕對不可能讓袁小姐跟任何人結婚，以免將來這個帳戶的資金受到婚姻協議的限制。之芸在交往之初就已從袁小姐口中得知此事，她依然義無反顧地與前夫簽字離婚。雖然她也沒有想過才剛離婚就馬上要與對方步入禮堂，但像這樣完全沒有選擇的餘地，仍不免讓她心中有些遺憾。

之芸離婚後，搬入了袁小姐父親爲女兒準備的豪宅同居。雖然新生活有著滿滿幸福感，卻也有更多需要適應與妥協的地方。由於在具敏感資訊的金融業上班，袁小姐每天上班時手機都會被收走，以防資訊外洩，直到下午兩點才能將手機取回。此外，袁小姐每天早上都必須六點就起床準備出門，上班時間長達十二小時，經常晚上七、八點才能回到家，但隔天因爲要早起上班，十點半就必須就寢。換句話說，之芸從早上醒來就只能等待，直到下午兩點才有機會透過手機和另一半稍微聯繫，而即便對方下班了，能夠交流互動的時間也只有兩三小時。

面對如此不一樣的相處模式，之芸需要去適應另一半長時間不在身邊，且每天只有兩三小時的相處時間。爲了盡力維持這份幸福，互動上之芸變得小心翼翼，她認爲對方上班已經很辛苦，自己應該要避免把太多情緒帶給對方。另一方面，基於兩人相處時間已經少之又少，之芸開始盡可能減少自己的外務，原本事業心超強的她不再事事親力親爲，許多必須由她親自出馬才有機會談成的生意與應酬，她都會推給同事或助手去處理，如此一來，業績自然不若以往。不只如此，之芸還將她以前熱愛的高爾夫、登山等活動全部暫停，甚至連朋友聚會也鮮少參與，只爲了能留在家中等袁小姐回家，好好把握難得的相處時光。

平日袁小姐多數時間都不在家，大量減少社交活動的之芸得面對不少獨守空閨的時間，許多情緒只能獨自消化調適，長期下來，影響到了身心健康，導致她偶爾晚上會睡不好，必須服用褪黑激素等保健食品改善睡眠品質。然而之芸很不願意依賴保健食品，因爲她認爲，既然這段感情如此甜蜜，自己怎麼會爲了這些小事而必須靠藥物才能安穩入睡。於是，她開始向外尋求解決方案，後透過友人引薦找上我，希望我運用催眠協助她的睡眠問題。

善待自己的委屈

之芸第一次與我會面時，只是簡單地告訴我她的睡眠狀況，而背後影響睡眠的眞正原因，仍需要我在催眠過程中慢慢發掘。

「清醒式催眠」覺察自我

在我們談話過程中，我發現之芸很容易過於聚焦在某些個人的想法上，太鑽牛角尖，例如針對睡眠問題，她會時常糾結於仰賴保健食品入睡這件事不健康。另外，她已明確指出來找我求助，主要是希望能有個能聽她傾訴的對象，因此最初的這幾次會面，我採取清醒式的催眠技術。

所謂清醒式催眠，是指在眼睛張開時，運用內在聚焦的方式，讓對方沈浸在一個內心的情境裡。這和大家想像中的催眠很不一樣，不需要數一二三，也不需要下指令，而是在面對面對話的過程中，透過適時地發問或引導，讓個案不覺得自己是在跟催眠師對話，卻能在清醒的狀態下達到和催眠相當的效果，主要目的是讓個案可以盡快覺察到自己的內在想法，更快地回到平靜的狀態。

清醒式催眠非常仰賴催眠師的技術與經驗，什麼時候介入、介入的方式都關係著個案會不會信任催眠師，進而跟隨催眠師的引導。若一不小心帶錯方向，又或者戳到讓個案情緒潰堤的點，很可能招致反效果，屆時催眠師反而需要投注更多心力來整理收拾個案的情緒。

在之芸的案例中，我必須適時提醒她保健品確實能改善她的睡眠品質、很快就可以代謝掉等事實，最後慢慢引導出她曾經試著不吃，結果完全睡不著的經歷，最後才發現，她其實是擔心會戒不掉這個習慣。

透過清醒式催眠找到之芸眞正的擔憂後，我建議她下次回診時將自己的想法告訴主治醫師，請醫師調整藥物再試試看。三四天後的第二次催眠，她表示醫師已幫她將保健食品改爲更溫和的維他命，而且效果似乎也不錯。

清楚自己的選擇

改善了睡眠後，之芸又提出了另一個讓她掛懷的問題——她認爲生活變得越來越不開心。而在她和袁小姐交往後少數幾次與好友的相聚，好友們也紛紛坦言覺得她變了，眼神中失去了以往的光彩。過去投注大量時間在自我成長，之芸無論事業或個人嗜好都多采多姿，但自從她和袁小姐同居之後，生活重心有了一百八十度的大轉變，對工作的投入減少，若有客戶能碰面的時間她必須回家陪袁小姐，她就會選擇放棄這位客戶。如此一來，不僅工作效率降低，營業額也不若以往。其實不只是她的朋友，之芸自己也有覺察到麵包和愛情間的拿捏失衡，並非長久之計。

我試著問之芸，是否應該和另一半針對相處時間的問題做討論。她表示並不是沒有提出討論過，但結果總是令她更加難過。每一次提到相處時間，袁小姐都會表現得很無奈，認爲自己一直以來都是做這份工作，工時長是改變不了的，這種情況在兩人開始交往前之芸就已經知道了，爲什麼反而要在交往後又拿出來爲難她呢？

袁小姐雖然沒有責備之芸，但這樣的反應卻讓之芸覺得自己相當不懂事。然而，這並不是她的初衷，她之所以會向對方討論這個議題，並非想抱怨或想改變既有的生活模式，而是希望袁小姐對她的心情能有更多一點的照顧，更能注意到她對這份感情的付出。誰知袁小姐每一次的反應及態度，都一再地讓之芸感覺沒有被理解，甚至開始感到雙方溝通出現障礙。

所幸，雖然討論這些問題雙方會有小小的不愉快，但兩人都能很快地釋懷，繼續回到原本幸福的相處模式，似乎對雙方感情沒有太大衝擊。

我問之芸是否知道將重心從事業與工作上抽離可能會遇到的後果？之芸表示她自己了解，但即便要重新做一次決定，她還是會選擇以感情爲重。至此，我知道我的個案其實很清楚自己在做什麼，也應該尊重她權衡利弊後所做的決定。

於是，我告訴她既然已經選擇了，那就再堅持下去，如果將來還有需要我幫助的時候，可以隨時再回來找我。

「Dr. Flowers 花博士」誘導法進入完全放鬆

接下來好一段時間沒有接到來自之芸的預約，直到一個多月後又收到她的訊息，希望能再次與我面談諮商。

這一次會面，感覺她就像是變了一個人，一開始她直截了當地告訴我她很久沒能好好地睡一覺了，這次什麼都不是很想談，可不可以讓她完全地放鬆，好好在沙發上躺著休息一下。

光是聽她這樣說，我就可以感受到這一個多月來她應該受了不少委屈，心中有很多故事需要釋放。雖然她表面上要求讓她放鬆就好，但我從她的語氣和說話的溫度，可以體會到她有很多話想說，而我只需要傾聽就好，因此這一次我選擇使用催眠技術中的「Dr. Flowers 花博士」誘導法。

「Dr. Flowers 花博士」誘導法主要是讓個案在眼睛一睜一閉之間慢慢地深入其境，進而達到專注效果。一開始要先請個案想像眼前有一面牆，並想像自己能看穿這面牆，在牆的另一面有一片美景。接著逐步引導個案放鬆身體的不同部位，先從頭皮開始，口腔、脖子、胸腔和腹部，一路隨著呼吸往下放鬆；同時，仍然要提醒個案繼續想像著看穿牆壁後的美景。等個案放鬆後，我會從二十數到一，每數一個數字，都請個案慢慢閉上眼睛，再慢慢睜開眼睛。在任何時候，只要個案覺得很疲倦，都可以隨時閉上眼睛，進入催眠放鬆狀態。

據我的觀察，當我數到十二、十三時，之芸就已經完全地閉上眼睛了，證明她已進入很好的催眠狀態，這時候我會繼續數數，並再次提醒她全身放鬆，同時觀察她是否有反覆睜眼閉眼。若遇到數到一時，個案眼睛仍是張開的話，這時候就必須直接下指令，請他用最舒服放鬆的方式閉上眼睛。

當個案完全閉上眼睛，就開始進入「控制期」。此時只是代表個案進入更深層的催眠狀態，並不是個案意識完全被我掌控，他們還是非常清楚自己什麼想說，什麼不想說。

催眠時的環境氛圍相當重要

環境氛圍包括燈光的明亮度、周遭的聲音和氣味，都會影響催眠的成效。例如開始催眠前，將燈光調得昏暗一點，點上香氛，並播放一些令人放鬆的音樂。有些人會對某種聲音很有感覺，反之也可能對某種聲音特別反感。

針對每一位個案五感的敏感度，在最初催眠前的面談都要事先了解，甚至在開始催眠前就先提供幾個不同的選項讓個案自己挑選。例如，之芸很喜歡水流的音效，但對頌缽的聲音反感。在催眠前多跟個案互動，了解何種方式能幫助個案更快放鬆進入催眠狀態，是催眠師非常關鍵的課題。

「信任」讓人坦露自己的委曲

進入「控制期」後，之芸忽然很直接地向我透露，她開始有了想要分手的念頭。我當下有些驚訝，畢竟才過了不到兩個月的時間，中間居然有這麼大的變化。而之芸沒有要我一問一答，而是如此直接地告訴我，可見其對我的信任。

她指出，產生分手的想法並不是因爲對方有哪裡不好，而是雙方太容易出現摩擦。由於之芸以前是和男性交往，加上她一直十分優秀有魅力，如今成爲同性戀後，似乎無論男性女性都有機會成爲她的情人。而袁小姐本身卻是相當缺乏安全感的個性，只要之芸和別人有約，不管對象是誰，都會讓袁小姐非常擔心。爲了減少另一半的不安全感，之芸必須推掉許多聚會和應酬，但這麼一來，變得她只能孤單地待在家更長時間，這種苦悶久而久之也消磨了她對生活的衝勁，更逐漸變成一種壓力。

另一方面，袁小姐雖然出自光鮮亮麗的金融世家，但她的父親其實有很多不同的對象爲他生了孩子，而袁小姐只是被父親承認的子女之一。因此，雖然父親提供她舒適的豪宅居住，但也僅止於此。在國外念書時，袁小姐的經濟被家裡牢牢掌控，生活費都僅只夠用，而現在的工作只是個普通職員，並沒有因父親的關係而身居高位，和之芸的收入有不小的落差。

由於每個月可運用的金額有限，袁小姐生活上各方面都必須省吃儉用。上班坐公車、飯菜吃不完留著隔天繼續吃，爲了省錢也極少叫外賣，這些都與之芸以往的生活方式大不相同。在之芸的觀念裡，搭計程車或叫外賣可以省下大把的時間，她也從來沒吃過隔夜菜。此外，之芸認爲一分錢一分貨，所以購物都會去品質較有保障的百貨公司，也不必多花時間去比價追求CP值。

當然，之芸也有試著融入對方的生活，曾和對方相約下班後逛夜市，並且自己從家裡搭公車過去。但不僅公車上人擠人以及各種氣味讓她難以適應，連悠遊卡怎麼感應她都得問人，她認爲搭計程車以一兩百元換來舒適與更充裕的時間很值得，何必一定要坐公車？價值觀和生活方式的不同，讓兩人都覺得格格不入，卻又不能勉強對方做出改變。

單一事件或許不會分裂兩人的感情，但當這類小事一而再，再而三地累積後，就會讓關係開始產生裂痕。之芸曾試著找朋友訴苦，這些與她相交多年，看著她一路成長的摯友，在聽過她的描述後，紛紛勸她和對方分手。倒不是因爲朋友們認爲袁小姐不好，而是他們發現之芸和袁小姐在一起之後的狀態不好，逐漸失去了自我。

當說到朋友勸她分手時，之芸的情緒明顯激動地說：「他們居然叫我分手耶！」感受到這是她很在乎的點，我便問她爲什麼會有這樣強烈的情緒轉變。之芸回答，她其實很害怕，自己心裡雖然也有想過分手，但被別人一針見血地說出來，還是很難接受。一想到要離開彼此的生活，她就認爲是件無法接受的事情，因此，她很快地結束與朋友的對話，覺得朋友們不懂她。又或者，她內心深處知道其實是朋友們太懂她，而說出了事實。

我接著問之芸，結束和朋友的對話後有什麼感受？這次回來找我想解決什麼樣的情緒？之芸坦承自己很迷茫，她和袁小姐都是朝著相愛一輩子的方向在努力，甚至還一起去拍了婚紗，象徵著穩定的感情。然而，越相處越感受到雙方的矛盾，光是在飲食習慣就有諸多分歧，例如袁小姐喜歡晚上小酌一杯，但之芸不喝酒，於是就買了些重口味的食物要陪對方吃下酒菜，不料袁小姐又是質疑這麼晚爲何吃重鹹食物，又是嫌食物味道飄得滿屋子都是。諸如此類的事件令之芸感到受傷，覺得原本自以爲的家，在類似摩擦出現時變成只是個陌生的住處。

此外，袁小姐的情緒很容易忽然爆發，常讓之芸措手不及。某次，之芸與袁小姐和袁母一同出遊，由於之芸和袁母在生活方式、品味等想法都有不少共通點，與這位長輩可說是一拍即合，讓她很快敞開心房與袁母交流。剛好袁母也不太認同袁小姐愛喝酒的習慣，講到酒的話題時就叮嚀了一番，之芸也順勢提醒了幾句。到了隔天，酒的話題又被拿出來講了一兩次，當時正在開車的袁小姐忽然生氣地吼她「說夠了沒！」在長輩面前被如此對待，讓之芸感到既受傷又難堪，當下就在副駕駛座默默掉淚。事後袁小姐自知過分了，對之芸特別體貼作爲補償，兩人就好像船過水無痕般繼續相處。

聽完之芸的描述後，我問她，這些事情她是眞的沒有放在心上嗎？如果眞的不介意，怎麼會至今仍將細節記得如此清楚。事實上，她們只是有默契地讓這件事過了就算了，卻沒有實際溝通解決問題，所以在之芸心中其實並沒有放下。

之芸在催眠狀態下吐露的回憶，都很明確地顯示她在當下感受到委屈，而這些委屈沒有被好好地善待與正視。她有嘗試提出來討論過，袁小姐雖然自知態度不好，卻總是反說之芸同一件事一提再提很煩人。主動把話說開，不但沒有讓雙方心情好轉，反而換來更多責備，漸漸地，之芸也放棄溝通了。

演練幫助模擬跳脫困境

之芸形容自己現在像是被困住一般，每天關在家裡等對方下班，時間一點一滴地倒數流逝，做什麼事情都沒有精神，連突破這個困局都沒有動力。

針對這個狀況，我提議做個演練。演練中我說什麼都不要用自己的認知拒絕或反駁，才能幫助她模擬自己跳脫出困境的感受。在演練中要讓她做的是，去想像拋開了原本既定的模式，不再等待對方下班，而是自己什麼時候該做什麼事就去把它完成。然而在演練過程中，之芸常忍不住回到自己的認知而中斷，例如下午兩點會收到對方回傳的訊息，又或是會想開車去接對方下班等等。

這類型的催眠引導技術一旦被中斷，就必須從頭再來一遍。從中我可以看出之芸心中有許多矛盾，因此我決定暫停演練。取而代之的是，告訴她已經做得很好，在這段感情中問心無愧，不要給自己太大壓力，也不要要求自己工作和感情都做到完美。同時我也提醒她要繼續試著和對方溝通，看有沒有辦法促成更多一點的互相包容。

最後，我問她如果一開始對分開的恐懼程度是十分，現在是多少分？之芸告訴我，在和我談過後，恐懼大概只剩下兩三分。有這樣的轉變，就證明個案的狀況是有恢復的，她能夠接受別人給的建議，也會自我覺察。

催眠焦點在自己

不到一個星期，之芸又再度約我面談，這次她看起來相當憔悴，還沒開始說就忍不住掉眼淚。她告訴我她想要離開卻又離不開，很多時候沒辦法統一自己的行爲和想法。由於袁小姐每天都很早就出門，於是他們有一本共同的交換日記，以往袁小姐出門時就會寫些什麼，之芸起床後看到內容也會有所回應。對她來說那是一種期待，但最近已經好一陣子沒有這樣的互動了。

另外，之芸在表達情感上比較內斂，例如當對方回到家時，她不一定會表現得很雀躍，袁小姐就會問她爲什麼不開心，甚至質疑兩人在一起是不是不開心。這些無形中也造成她的壓力，懷疑自己是不是眞的沒有把情感表達完整導致誤會。說到後來，我注意到之芸總是在檢討自己，做了、說了這麼多都無法讓對方理解，是不是自己眞的溝通有問題。

這種時候，催眠師就要稍微介入，提醒她催眠的焦點是在自己，要療癒的也是自己的情緒。

在導回面對自己的情緒後，我再一次詢問之芸，這次想要針對什麼事件做抒發。她這才娓娓道來，她偶爾會帶與前夫所生的小孩和袁小姐一起出遊，大家相處得十分融洽。不過對於她結過婚有小孩這個事實，她們一直都沒有讓袁小姐的朋友與家人知道，雖然這是雙方討論後的共識，但在她心中始終是個疙瘩。這件事讓她有時候感覺好像在演另一個人，例如和另一半的朋友聚餐時聊到人家的育兒經驗，她得裝作對此一無所知。

某次，她想討論把小孩帶回家裡照顧，袁小姐反應卻很激烈，認爲如果把小孩帶來被社區管理員看到，會有人向她父親打小報告，這樣他們就不能繼續在一起了。這事件對之芸有沉重的打擊，她意識到原來她有小孩這件事，在對方看來不單純只是一段過往，而且雙方共同努力經營的幸福，居然可能會因爲這件事而破滅。

聽到對方這麼說，之芸才發覺或許是自己把一切都想得太一廂情願。即使她都與前夫斷得乾乾淨淨，還是沒辦法完全被對方接受。種種現實，讓她開始覺得這段感情不太有機會走一輩子。

我接著問之芸內心有什麼想法，她告訴我，她知道她們應該不會有未來，也知道自己應該離開，卻又捨不得。發現對方並沒有如自己所想的那麼愛她，之芸雖然沒有當下就要抽離這段感情，卻也開始有了新的想法，考慮是否要開始走出去，重新回到自己以前的社交圈。

當個案有想法卻又還沒有答案時，作爲一個催眠師要提供的不應該是明確的方向，而是要引導個案探索心中眞實的感受。當之芸還在猶疑不決時，我沒辦法幫她做出決定，反而是要問她自己覺得想要重新開始社交的意願比較高，還是不開始的意願比較高。通常在這樣的引導下，個案就會爲自己找出答案。

正常來講，催眠師與個案三到四天就會會面一次，但這次會面結束之後，我和之芸每一次事先講好的預約，都會被她以不同的理由臨時取消。

從自我演繹回到事實

兩三個月後之芸忽然回來找我，這次她一來就跟我說，她和袁小姐分手了。雙方分開已過了一段時間，她其實已經撐過了最辛苦的那個階段，只是她心裡仍然有個坎跨不過去……

袁小姐因爲父母沒有結婚，從小就被送去奶媽家撫養長大，後來出國念書也都是住校，一直沒有感受到被關愛，讓她相當缺乏安全感。自從之芸重新外出社交，並開始參加高爾夫球隊之後，她就會和袁小姐分享在外面和別人相處的日常。殊不知，這樣讓袁小姐更沒有安全感，覺得之芸隨時可以離開她去和別人在一起。

漸漸地，袁小姐覺得是自己耽誤了之芸，既然她身邊有了更好的對象，那麼分手對她是最好的選擇。即使之芸一再重申自己的快樂都源自於袁小姐在她身邊，對方仍然聽不進去。該說的都說了，袁小姐依舊維持同樣的說法，讓之芸認爲對方其實本來就想分手，只是用爲了她好來當藉口。

某一天，當這個話題再度被提起，之芸覺得再拖下去沒有任何意義，當下就收拾行囊回自己的爸媽家暫住。分開後，對方似乎沒有想再找她，也沒有任何想挽回的意圖，更讓之芸懷疑對方想分手的想法蓄謀已久。

看到之芸不斷陷入這種自我懷疑的迴圈中，我就打斷她，問她離開當下對方有沒有挽留？結果是，袁小姐有試圖挽留，但之芸堅持要走。這種時候，我必須爲個案點出事實：是妳自己期待對方會再與妳聯絡，當她沒有這麼做的時候，妳內心是不是才自我解釋爲對方蓄謀已久。

雖然在催眠過程中，個案說得越多越好，但當她述說的內容偏離事實時，催眠師必要適時打斷。因爲唯有事實，才能引導個案以正確的角度看待問題。

談話導回正軌後，之芸繼續述說球隊中有個男生是當時袁小姐特別在意的對象，覺得這位男生很優秀、很適合之芸。之芸賭氣地借位拍照兩人牽手的照片，並上傳社群軟體，還傳訊息給袁小姐：「現在你看到我有別的對象，應該就可以放心了吧！」沒想到袁小姐只回覆：「看到妳幸福就好」。看到這樣的回覆，之芸忍不住回了「我恨妳」三個字。她覺得袁小姐根本不了解她，不了解她正在經歷什麼痛苦，更因爲袁小姐的關係，讓她從原本灑脫的個性變成會像現在這樣賭氣。

這時我再次介入，詢問這期間袁小姐是否有鼓勵她找新對象讓她安心？如果沒有的話，那這些想法是不是又都是自我演繹出來的呢？當她意識到這些情緒或許都源自自己沒有根據的演繹後，我問她如果我附和她的說法，她會比較好過嗎？她表示，其實在這段時間她都有向朋友訴苦，朋友們也都陪她一起罵過前任了，這次來找我主要是想透過催眠放鬆，因爲她已經有一陣子沒好好睡覺。

在漸進式放鬆下改變潛意識

雖然催眠並不是睡眠，但幫助放鬆是我可以爲她做到的。於是我開始調整現場的燈光、溫度、音樂等環境氛圍，讓她可以更快進入放鬆狀態。

我採取的是漸進式放鬆誘導法，這是比較傳統古典的技術，透過呼吸讓身體肌肉逐步放鬆，從頭頂慢慢一路往下放鬆到腳底。隨著每次的呼吸，肌肉都越來越放鬆，接著進入很深沉的放鬆狀態，感覺身心很安定、很舒服。

在放鬆的過程中，讓個案的潛意識接受催眠師提供的建議，進而讓個案體會每個人都有缺點，要能接納自己的缺點，並用正面的角度肯定自己並看待任何事情，不要讓過去那些沒有辦法改變的事情，影響到現在及未來。當個案能活在當下，以正面心態面對問題，才能保持心理平靜、開心與快樂。

之芸很快地在漸進式放鬆下睡著，相當深沉地睡了十多分鐘。醒來後不再那麼糾結，也認同她與袁小姐在一起的那段時光，雙方都有努力付出，互相包容接納才能走到這一步，並且表示她打算重新將生活重心投注在事業上。此後我們還是會固定會面，但她的心情狀態一直都十分穩定，只是有如老朋友一般，來與我分享自己近期的目標與想法。

與讀者對話

雙向奔赴的愛情，才有溝通的契機與能力。無論愛情、親情、友情、同事情誼等各種交往過程中，多少都會面臨人際關係的問題。有問題並不可怕，可怕的是當問題出現時，雙方是否都有願意解決問題的共識。如果對方沒有溝通的意願，又或者對方一直活在自己的思維邏輯中，問題很難得到完善的處理。

上述狀況在愛情關係中對人的影響尤其劇烈。當遇到逃避型戀人，無論說什麼，對方都只選擇他想聽的和他認為沒有錯的部分，另一方會感受到溝通的渠道被封閉，很容易被傷害且萌生無力感。因此，聆聽自己是非常重要的，常常我們內心早已經有答案，只是自己不願意去承認。一方面意識到自己應該放棄對方，另一方面卻在等待奇蹟發生，如此反反覆覆的排斥、逃避不願面對、不甘心等各種掙扎，最終還是會把原本的期待變成失望甚至絕望。

葉子的離開，是風的追求還是樹的不挽留呢？都不是，葉子會離開是葉子絕望了。當意識到「妳的存在會影響我往前走的路，能相遇就已經很幸運」，這一刻才能真正地停止糾纏與期待。

答案在前世或今生？

幾年前我曾在 YouTube 上發布一支近半小時的影片，內容主要是在講解一本關於催眠與前世今生的書。三十多歲的戴盈秀透過網路搜尋前世今生時看到了這支影片，正好她當時的感情經歷有許多無法以科學角度解釋的奇妙遭遇，所以她聯絡上我，希望透過催眠回溯她的前世。

盈秀與前任男友第一次見面時，就感受到難以言喻的衝擊感。

兩人透過工作上的朋友認識，一開始只是互相加了對方的 LINE 帳號，但一直沒有機會眞的見到對方，直到兩個月後才終於互約成功。

第一次碰面，兩人約在一間義大利餐廳，一見到對方，盈秀就莫名地湧起一股異樣，明明是初次見面卻感覺十分熟悉，總覺得已經認識了對方好久好久。而即使對方的外型與長相都不是她會喜歡的類型，她卻有一種很想要和對方說話的欲望，對方無論說什麼她都覺得很有趣。除此之外，心中還有一股隱隱地、難以形容的憂傷與悲痛感。

由於從未遇過這種狀況，盈秀也不知道該如何去理解這份感覺，只能告訴自己不要多想，先專注在兩人的互動。吃飯過程中，兩人主要聊天的內容都是工作，雙方也都沒有來電的感覺。奇怪的是，吃完飯當晚入睡後，盈秀就夢到了對方。在夢中，她來到了這位男性的家裡，兩人一起收拾行李準備出門旅行。醒來後她自己也嚇了一跳，覺得這個夢實在過於眞實，眞實到有點可怕。

幾天後，盈秀再度和這位男性碰面，在送她回家的路上，對方居然透露他也在同一天晚上夢見盈秀。一般而言，當男生講出這種話時，女生通常會認爲這是撩妹的套路，但由於盈秀也同樣夢到對方，反而更讓她認爲兩人是不是有難以解釋的連結，於是漸漸熟絡了起來。兩人開始會照三餐問候對方，互相也開始有曖昧的感覺，後來很快就開始交往。

一般情侶在沒有同居的情況下，一星期碰面兩三次就算多，但對方卻每天帶著自己的筆電到盈秀的辦公室工作，一個月三十天中，至少有二十多天兩人都膩在一起，而當兩人分開的那幾天，雙方晚上都會做惡夢。

不過，雙方交往的時間僅僅一個多月而已，之所以會分手，是因爲盈秀認爲兩人整天黏在一起，很大程度地影響到彼此的工作效率，導致雙方的收入大幅減少。後期更影響到自己的情緒，盈秀開始容易暴躁，一點小事就會讓她爆炸。她認爲這是因爲她明知這樣下去不是辦法，但又享受兩人在一起的感覺，在矛盾與拉扯間就產生了很多情緒。然而爲了現實的考量，他們最後還是決定分手。

分手後，盈秀感到非常痛苦，畢竟她原本認爲談戀愛是一星期約會一兩次即可，在對方要求下轉變爲每天見面一起相處，交往的這一個月感覺就像交往了好多年，也很了解彼此，熟悉對方的優點與缺點。當她已習慣了生活中有對方的存在後，一分手就好像生命中有什麼忽然被抽離了，心靈上很難以接受。另一方面，盈秀也覺得對方並沒有很珍惜與尊重這段感情，雖然口頭上有一些挽留，實際上卻離開得相當瀟灑，讓盈秀感覺不負責任，這樣的打擊在她心裡留下了更多情緒。

分手後，盈秀把自己關在家中長達一星期，茶不思飯不想，看著兩人以前的合照，沉浸在悲傷中走不出來。而最困擾她的依然是，不曉得爲什麼和對方第一次見面時會出現一股悲傷的感覺。

解決今生今世的問題

或許是受到某些暢銷書籍的影響，又或是坊間總會有些催眠師以前世回溯作爲賣點，以致於擔任催眠師多年來，時不時就會遇到個案指名要做前世回溯。姑且不論前世回溯究竟能回溯到什麼，重點是，就算看到了前世記憶，現實中的問題與困擾仍要靠自己當下的正面態度才能面對。我的立場其實不建議爲了回溯前世而來做催眠，我希望個案能把更多的專注力放在當下的問題上。

即使眞有類似盈秀重複做同樣的夢這類特殊狀況，也不適合第一次會面就直接回溯前世。畢竟首度碰面，彼此的默契和信任度不夠，成功率不會太高，更何況，在這種情況下會回溯到哪一世誰也說不準。曾經有案例是受催眠師培訓的學員，擅自進入某一段前世回憶，看到自己自殺的場景，回來之後，老師反而需要花費額外的心力陪伴才能療癒他的心靈。

因此，單純只是想要看自己與另一半的前世這種要求，我都會直接拒絕。

漸進式放鬆回顧情緒

第一次與盈秀電話聯絡並解釋以上觀點後，我感受到盈秀個性上偏逃避型人格，遇到問題不太願意直接面對，而是尋求外界的力量如算命、觀落陰等方式來找答案。我建議她進行正常的催眠，也許就可以針對目前的感受做調整，切勿期待前世回溯就一定能找到她想要的答案。一個星期後，盈秀再度來電，表示她還是想試試看催眠，但不強求一定要做前世回溯。於是第一次的會面，盈秀跟我講述了她與前任男友間的故事。同時她也疑問，會不會是源自前世未有結果的姻緣，所以到了這一世時爲了彌補遺憾而重逢？於是我問盈秀，如果再次重回第一次見面時的悲傷情緒裡，想要解決什麼議題，解惑之後就能夠讓她正常生活嗎？又或者，如果我們還是找不出答案，或答案不是她所預期的，她是否能接受呢？因爲催眠開始之後，會深入到什麼程度不是催眠師單方面可以掌握的，有些部分甚至連個案自己也掌控不了，這些狀況都必須在事前向個案再三強調及解釋。

在戴盈秀表示理解後，我們開始了第一次的催眠。

第一次催眠我採用的是古典派的漸進式放鬆技術，將盈秀從頭到腳逐步放鬆後，慢慢引導她進入第一次見面時的那種情緒。在回到那段情緒中時，盈秀流下了眼淚，雖然沒有找到什麼答案，但她很明確地知道那種情緒是無法用科學角度解釋的。那種酸酸、痛痛的感覺用言語難以形容，只知道即便從沒見過這個人，卻有種期待了好久終於見到面的感動與難過。

第一次的催眠就只做到這裡，結束後，盈秀表示自己比較能釋懷，對前任不再有那麼多的責備與怨恨，但另一方面，她也更加確信兩人前世曾經有過一段緣分的想法。

自行進入前世回溯

與盈秀第二次會面時，我讓她試著體驗在「睡美人的大游泳池」案例中曾經使用過的「控制室」療法。我會先把想像中的控制室裡的配置先跟個案說清楚，例如螢幕，以及有播放、快轉、倒帶或放大縮小等各種功能的按鈕，而當個案處於這個操控室中，可以控制自己想像出來的畫面，畫面中的人事物皆可由個案自己決定要暫停還是繼續動作。

或許是因爲盈秀對前世今生的想法執念太深，這次「控制室」療法，眞的將她帶入了前世的某個場景。

在這個場景中，盈秀看到很多人拿著火把，場面十分吵雜。我提醒她可以操控按鈕把畫面及聲音都調整得更清晰，隨著我的指令引導，她慢慢地調整，將原本黑白的畫面轉成了彩色畫面。看清楚之後她嚇了一跳，原來那群人圍著的是一個火堆，火堆上躺著一個上了年紀的男人。雖然自己是女性，但盈秀卻很確定那個躺著的老人就是她自己，而圍在火堆旁的那群人應該是她的子孫。畫面繼續播放著，火越燒越大，這時盈秀忽然跟我說她可以感受到火燒的感覺，自己的背開始有種熱熱燙燙的刺痛感。於是我建議她既然是不舒服的感覺，是否要將畫面調模糊，讓我們離開控制室。盈秀卻說她覺得很神奇，想再看清楚一點。後來由於火越燒越大，我從旁可以觀察到催眠狀態中的她，身體不由自主地左右擺動，這時我當機立斷告訴她必須停止，並且慢慢地將她喚醒。

醒過來後，盈秀說她覺得背部很痛，有種熱辣辣的燒灼感。一看之下，居然發現她的背雖然不至於像燒燙傷那麼嚴重，卻整片都是紅的。盈秀接著跟我說她的直覺果然沒錯，她眞的是因爲前世今生的感受太強烈才會回到前世去。而我則告誡她，像這樣在催眠過程中個案自己進入了前世回溯，我一定會負責到底，陪著她並把她帶回來。

然而，我們這一世當下要處理面對的問題已經夠多了，何必執著要回到前世？如果前世回溯是能夠解決問題的，那確實可以試試看，可是這一世多數問題都是自己的行爲及遭遇所造成，應該要把更多時間心力放在當下以及未來。更何況，多數時候根本無法掌握究竟會回到哪一世，最後還可能把那一世的問題帶回來。

我們需要的答案在今生今世

在這一次催眠過程中看到的畫面，讓盈秀更加堅信前世今生的說法，還反過來鼓勵我應該要接受想了解前世的個案。我的回答是，我從來不否定前世今生這個觀念，但對我而言，更重要的是我的個案不要因爲前世回溯而受到二次傷害。就以盈秀自己爲例，她雖然回到前世了，但然後呢？現實生活中的問題非但沒有得到解答，沒有讓自己對前任更釋懷，還讓自己體驗了一次被火燒的感覺。就是因爲前世回溯的不確定性太高，我們更應該要小心謹愼地去觸碰。

後來的幾次會面，盈秀仍然偶爾會有想再回去前世看看的念頭，而我還是反覆重申在催眠過程中發生的前世回溯我會負責，但絕不主動引導她回到前世。漸漸地，盈秀也放下了那份堅持與執念，將專注力轉到現階段的問題上，在工作、人際關係與感情方面投注更多心力。

現在的盈秀比以往更能活在當下，找到了新的交往對象，生活平穩而順遂。

我認爲盈秀這位案例證實了，我們所需要的答案都是在今生今世，各種煩惱與內心過不去的坎，其實都源自潛意識中的想法與價值觀。而透過催眠深入潛意識，才是能夠幫助我們找出問題癥結點，對症下藥的正確途徑。

與讀者對話

在催眠過程中，若是個案自己回到了前世，催眠師的確可以適時適當地引導與協助找出解答。因此催眠師的確需要學習前世回溯的催眠技術，然而這不代表個案的議題或目標就一定只能透過前世回溯來找到答案。事實上在國外，許多與催眠相關的法令已有明文規定，禁止單純的前世今生回溯。不過在亞洲，相關法令相對鬆散，還是有許多人將前世回溯轉成民俗療法的型式在提供服務，這樣的做法既危險又不健康。

如同本篇一再強調的，無論個案還是催眠師，都永遠無法掌握前世回溯究竟會把潛意識帶到哪一世，更不知道會從中帶回什麼樣的議題。希望讀者可以明白，催眠主要的目的是透過和潛意識的對話，打開對生命不同角度的眼光，用更敞開的心胸活出其他可能性。

前世回溯沒有不好，但重點應該是如何從前世回溯的過程中，反過來對這輩子的困境發展新的看法，或者從前世的經驗裡覺察到自己現在的糾結該如何處理。不管前世有什麼遭遇，活在當下才是最重要的。

產後憂鬱不是妳的錯

婦女在生產後，會產生情緒低落或心情不穩定等狀況，這些現象多數會在幾天內消失，但若是症狀持續不退且嚴重的話，便需要專業介入協助治療。然而這些症狀不太容易自我覺察，也很常被周遭親友忽視，無法及時給予適當處理，而造成個人及家庭的困擾。像葉若兮這樣拖延了十多年才確診的案例也不在少數。

三十歲的葉若兮是大陸珠海人，透過網路交友與台灣男子阿偉相遇，相約碰面之後沒多久便開始交往。阿偉是家中的么兒，有一個大了十歲的姐姐，家中事務的決定權通常是由阿偉母親說了算。阿偉母親向來都打算把兒女留在身邊一輩子，也沒想過要讓兒女結婚生子，然而若兮與阿偉交往才一個月後，就意外懷孕了。

即便若兮與阿偉都沒有興起不要這個孩子的念頭，但阿偉母親與姐姐不認爲兩人需要奉子成婚，還特別找若兮討論。說是討論，實際上是單方面勸她把小孩拿掉，甚至提議給她一筆錢讓她去墮胎。

由於年紀不小才懷上這個孩子，若兮的想法是，如果長輩們不同意或是男朋友不想要小孩，她沒有堅持要結婚，但仍想自己把小孩生下來。畢竟她當時三十歲，年紀上已經成熟，工作也穩定，有能力及勇氣撫養小孩，加上娘家支持她，她其實不需要依靠別人就能撫養小孩。

既然女方堅持要生，男方家長也不好再說什麼，最後若兮還是與阿偉結婚，但這件事卻在雙方心中都留下了疙瘩。

由於阿偉在中國大陸工作，婚後若兮便與他一起住在當地的小套房。阿偉的母親與姐姐幾乎每個月都會來探視阿偉，每次來訪都借宿在客廳的沙發上，若兮則盡量留在房間減少與婆婆接觸。懷孕的第四個月，若兮聽到丈夫與婆婆在客廳裡吵架，正打算去勸架並安慰婆婆的時候，婆婆居然將槍口指向她，責備因爲她的出現，原本好好的家庭才被破壞得不得安寧。莫名其妙被這樣罵，若兮不僅錯愕，更在一瞬間情緒盪到谷底而哭了出來。婆婆並沒有因此而停止責備，反而把積在心裡的不滿全部發洩出來，指責若兮堅持要把小孩生下來，只是爲了想爭奪家產。

看到妻子被母親這樣辱罵，阿偉卻不懂得即時安慰。若兮後來越想越委屈，越想越對接下來要自己一個人跟他們搬去台灣的人生感到悲哀，絕望之下，便拿出美工刀試圖自殺，幸好被及時送急診搶救回來。事後，若兮依然按照計畫嫁到台灣，與丈夫住在距離公婆家附近的套房。

到了孩子即將出生，分娩一開始，若兮因爲宮縮的劇痛要阿偉帶她去醫院，但醫師說還不到臨盆的時候，只能讓他們先回家等待，回家後的整個晚上，若兮都在宮縮的痛苦中煎熬，阿偉卻在身旁呼呼大睡。無法再忍受的若兮好幾次請阿偉再帶他去一次醫院，卻都被不耐煩地拒絕。她這時才更認清了阿偉並不是一個能夠依靠的對象。認清這件事時，並沒有讓她感到解脫，反而在內心累積更多負面情緒。

孩子出生後，無論在醫院還是回到家中，婆家的人都沒有給予太多支援，只有婆婆每隔兩、三天煮一鍋麻油雞，沒有青菜，沒有任何其他營養搭配，也不在意若兮願不願意吃。阿偉當然也沒有幫上太多忙，幫孩子洗澡、換尿布和哺乳全都得若兮自己來，讓她根本沒有做月子調養身體的時間。更糟糕的是，婆婆居然對她說出

「當初就提議不要生，既然堅持要生就要自己照顧」這種話。一個人在台灣孤獨無助，又要忍受親人的冷嘲熱諷，若兮心中各種負面情緒持續地累積。

生產後，阿偉留在台灣擔任銀行專員，孩子幾乎都是若兮在照顧，新手媽媽獨自負起照顧責任與家務，讓她陷入身心與生活的混亂中。例如某一天阿偉心血來潮想抱孩子，這才發現嬰兒座椅非常髒，用水一沖居然跑出了好幾隻蟑螂。另一次，若兮和阿偉發現孩子不見了，翻遍了家中每一個角落，最後才在床底下找到孩子。

其實此時若兮的產後憂鬱已經越來越嚴重，自以爲將孩子顧得很周全，實際上生活過得渾渾噩噩。阿偉雖然沒意識到這是產後憂鬱，卻也認爲這樣下去不是辦法，於是自己辭職待在家裡照顧孩子，改由若兮出外上班。若兮找的是一份百貨業的專櫃工作，爲了不要讓自己和阿偉看婆婆的臉色，她相當努力地工作，薪水則匯入與阿偉共同管理的帳戶作爲家用。

一兩年後，孩子已經兩歲卻還不會開口說話，經檢查才被確診爲重症的自閉症。得知病情讓若兮受到極大打擊，認爲是自己在懷孕期間自殺，對胎兒造成影響。自責與罪惡感交織之下，讓若兮不敢再接近自己的孩子。爲了逃避這份罪惡感，她日以繼夜地工作，每天上班十幾小時，拚業績賺錢讓自己不用在家面對孩子。

四、五年來，若兮一直維持著差不多的生活作息，從早到晚上班，回到家看到兒子已經睡了，才敢去看看他、抱抱他。

某一天，若兮比往常早一些下班，到家時阿偉還在替孩子洗澡，她注意到阿偉放在桌上的手機持續地跳出通知，平時不會看對方手機的若兮忍不住拿起手機來看。一看之下，才發現這些年來阿偉一直和他在中國大陸的前女友聯絡，偶爾會找理由去一趟中國，其實都是去找前女友。更令人難過的是，原本他們在中國住的小套房出售後的收入，連同若兮薪水扣除生活費所存下來的錢，是預留給孩子看病治療以及日後特殊教育需要的存款，丈夫卻全部拿給前女友去投資。

發現這個事實對若兮又是一次重大打擊，更讓她陷入兩難，一方面很想離婚，另一方面又擔心離婚後自己一個人照顧不了孩子。權衡利弊後，她只能跟現實妥協。

後來有一次，若兮患了很嚴重的急性腸胃炎，丈夫卻死活不願意載她到醫院，更讓她對這個男人徹底死了心。從此，若兮開始和不同的新對象交往，試圖在其他異性身上找到一些寄託。其中一任男友是一名醫師，對心理學稍有了解，得知若兮這些年的遭遇和心境後，認爲可能是產後憂鬱，便建議她去看精神科醫師。

這一看不得了，原來經過多年負面情緒與打擊累積，若兮不僅產後憂鬱，還確診了躁鬱症。

在服用精神科藥物兩年後，若兮的情緒與精神已可以維持穩定，不過藥物雖能控制情緒起伏，她仍覺得內心沒有獲得療癒。爲了發洩，她經常報復性消費，仗著自己六位數的收入亂買東西。此外，這段期間她不斷地換男朋友，無論對方是好是壞，單身或已婚她也都不在意。即便如此，每次回家看到阿偉，若兮都還是興起一股莫名的怨恨。

不喜歡自己的現況，更感覺身心快要爆炸，於是她來尋求催眠的協助。

停止自責→調整行爲→改變人生

若兮需要解決的第一個議題是她缺乏自我價值的認同，因此在生活中找不到安全感，只能透過不斷亂買東西讓心靈得到一點慰藉。針對這個問題，我採用「導演技術」，讓她可以從第三者的角度看看那些曾發生在自己身上的事，也讓她意識到自己已經很努力在愛著自己的孩子，用盡全力彌補他。

停止自責迴圈

我透過有科學根據的說明來引導若兮，接受孩子的自閉症從來就找不到根源，即便懷孕期間做羊膜穿刺也預防不了。同時另一方面也開導她，懷孕期間選擇自殺是因爲自己實在無路可走，畢竟從未承受過別人如此的責難，而且後續治療過程中，都有讓醫師知道自己有懷孕，施用的藥物不會對胎兒造成影響，所以不要再認爲孩子的不健全是自己造成的。

透過催眠，將若兮從心中長期以來的糾結裡分離出來，她才能逐步做出調整。以往若兮無法接受和孩子單獨相處，哪怕只是臨時照顧一小時她都會躁鬱症發作，陷入自責的迴圈。而現在若兮每逢休假日，她會讓先生跟家人出遊，自己一個人在家陪著孩子，讓自己試著和孩子單獨相處。

漸漸地，若兮自信心開始增加，不再一直交男朋友，也不再瘋狂購物，內心不再需要向外尋求自我價值的認同。

剛開始每星期若兮都要進行兩次催眠療程，在持續調整心態加上藥物協助下，她逐漸發展出對自我價値的肯定，無論是在職場還是個人生活，都更懂得爲自己設定目標。大約催眠療程達半年後，若兮便下定決心要離婚，並在半年多內辦完離婚手續。

調整行爲是改變人生的第一步

單獨搬出去生活之後，若兮發現與阿偉的關係似乎修復了。某一次和阿偉聊天，阿偉坦言自己也有時候會感到後悔，孩子出生後如果他沒有急著外出工作，也許孩子的狀況就會不一樣。若兮這才知道，原來不是只有自己在爲孩子的健康自責，讓她忽然感覺到自己不再孤獨，心裡因爲阿偉的坦白得到很大的慰藉，內心瘡疤也因此而被撫平。

現在的若兮無論在工作、感情和家庭各方面都取得平衡，達到她所期望的穩定與安全感。她也不再覺得自己多年來拼命工作，沒有丈夫陪伴下一個人去急診等經歷有什麼好怨恨的。停止了對自己的自責與對前夫的埋怨後，她開始接受自己的一切選擇，也學會釋懷並與遺憾共處。

藉由若兮的例子，我想強調的是，任何催眠或心理諮商，面談內容或是用什麼技術都不是最重要的，最關鍵的第一步是個案的行爲改變。唯有個案調整行爲模式，他才有機會看到自己的變化，也才會有動力堅持下去，繼續以正向的情緒面對人生。

與讀者對話

從懷上孩子的那一刻開始，女性體內的賀爾蒙就會出現變化。然而當孩子出生後，包括母親在內的所有人的注意力會馬上集中在孩子身上，因此很容易忽略掉對產後婦女的照顧與陪伴。這個階段，母親的身體其實很不舒服，又要面臨為人母的擔心、緊張及壓力，加上為了哺乳常導致睡眠中斷，身心靈很難得到足夠的休息。因此，家中有孕婦的讀者需要注意的是，無論產前或產後，都應該要多花一些心思在孕婦身上，關注他們的情緒或需求。

產後坐月子期間是產後憂鬱症的好發期，家人們應該多詢問孕後婦女有什麼需要幫忙，讓他們有喘息的空間，並且多以鼓勵關心來代替責備。另外，也應該讓產婦有情緒發洩的管道，避免壓力不斷累積。

值得注意的是，有時候即便家人已經給予足夠的陪伴與照顧，還是無法避免產後憂鬱，請特別注意孕婦在產後幾個月，是否有睡眠障礙、身心疲倦、情緒低落或焦慮煩躁等狀況。及早發現，並尋求身心科或精神科醫師協助輔導，才不會持續累積讓傷害擴大。

伴著遺憾、恐懼和愛回娘家

在華人傳統習俗中，大年初二是回娘家的日子。對許多女性而言，在夫家忙活了一整年，初二難得可以清閒放鬆，特別值得期待。不過，嫁來台灣多年的徐三妹卻從來沒期待過初二，相反的，只要一想到初二回娘家，她的心情就難以控制地沉重起來。

……

來自中國廣東的農村鄉鎮，徐三妹的原生家庭維持著很傳統的重男輕女觀念。父親長期在外地打拚賺錢，家中主要由母親打理，每當三妹與小她兩歲的弟弟發生爭執，挨揍挨罵的總是三妹，就連弟弟做錯事闖禍，遭殃的也還是她。

由於母親特別愛護兒子，弟弟也恃寵而驕，毫不尊重向來照顧他的三妹。此外，三妹的母親還有輕微的家暴傾向，當店裡生意不好或是因爲天氣熱而心情煩躁時，常會遷怒於三妹，有時候睡覺睡到一半還會被母親挖起床處罰。

高中畢業後，三妹離家到外地就讀大學，期間辛苦地半工半讀，不僅要負擔自己的生活費，還要用一部分收入支援家裡的經濟狀況。儘管如此，母親對她的態度依舊沒有改變，將其付出皆視爲理所當然。

完成大學學業後，三妹進入一家台商公司，認識了外派到當地的台灣男孩，雙方情投意合，最後嫁來台灣，她才終於算是脫離了母親的掌控。

來到台灣後的三妹婚姻與生活相當幸福，丈夫與公婆都對她很好，她這才感受到所謂的親情。在體驗到被愛的感覺後，三妹更意識到自己在原生家庭的不快樂，也漸漸與廣東的娘家斷了聯絡。

即便盡可能地避免與娘家接觸，但因爲三妹在父母面前總是表現出過得很寬裕的形象，導致娘家在經濟上遇到困難時常找她尋求支援。三妹不太會拒絕娘家的要求，卻難免感到被利用，認爲父母只有在需要錢的時候才會想到她。後來家中情況總算稍有好轉，她的母親開始時不時透過微信傳訊息給她，問她過得好不好，並表達希望她逢年過節可以回家探望。

三妹這才發覺，母親似乎是想要修復曾經破碎的親子關係，然而有了從小到大一切不堪回首的記憶，加上她很年輕就離家獨立自主，讓她沒辦法接受母親的示好，更不願意去和這段陰影和解。

即使現在的生活堪稱美滿，但每到農曆大年初二，看到丈夫的姊姊攜家帶眷回娘家拜年，三妹就會莫名地憂鬱，「回娘家」這個傳統就像一根刺般，在她心頭揮之不去。隨著時間累積，這根刺非但沒有消失，還一下接著一下地越戳越大力。

回娘家的心結逐漸影響著三妹的生活，讓她晚上睡不好，甚至需要去身心科問診。服用診所開立的安眠藥後，三妹的睡眠確實有改善，但年初二回娘家這件事依然困擾著她，就好像一個開關一樣，每逢農曆年時節就會喚醒她內心的陰影。

於是，三妹透過網路搜尋找到了我的工作室，期望能透過催眠撫平自己的內在，不再對原生家庭有任何情緒波動。

修復藏在刺背後的遺憾

一開始的幾次諮商，三妹向我描述了家人在她童年時重男輕女的遭遇。不過在更深入交流與互動之後，我發現重男輕女這件事，似乎並不完全是年初二這個節慶造成三妹困擾的主因。

拔除心中刺，抑或修補遺憾？

我使用「書本誘導法」，先請三妹描述心中想像的書本的材質、重量或厚度，將書本具體化後，再誘導她透過書中的畫面或文字說出內心眞正的想法。漸漸地，我注意到三妹在提到母親時，常會用「遺憾」這兩個字來描述她的感受。在催眠結束後，我針對這點和她討論，這才歸納出即便她並沒有想要原諒母親以及原生家庭過去的所作所爲，但其實她心中沒有恨。

隨著歲月流逝，母親已邁入古稀之年，前幾年更得知母親得了癌症。儘管後來控制住了病情，三妹卻不禁擔心若是將來哪一天母親眞的走了，她卻沒能跟母親和解，心中會留下難以挽回的遺憾。就是因爲有了這個怕留下遺憾的想法，才會每逢年初二想到回娘家這件事，就在她心裡蒙上一層陰影。

雖然找到了眞正困擾著三妹的心結，但她所尋求的並不是關係修復，而是如何把心中這個刺給拔除。或許有很多人會質疑爲什麼不試著去和母親修復關係，一旦能破鏡重圓就不會有遺憾。但我身爲一個催眠師的角色，盡量不要太常問個案「爲什麼」，畢竟，要個案從頭回溯那些不堪的經歷，已經夠辛苦了。

催眠師的功能不在提供解決方法

在催眠過程中，理解與體諒十分重要，對個案的意願多一些尊重，切忌因爲好奇心或價値觀不同而追究原因，進而引起更多不必要的傷害。催眠的成功與否需要個案與催眠師高度合作，因此催眠師能否透過行爲或語言引導個案放鬆，得到個案信任就變得很關鍵。唯有當個案知道在催眠師面前可以做自己，才有機會說出平常不願意與人分享的內心想法。

切記，催眠師的功能不在於提供個案解決方法，而是藉由引導找出問題的癥結點，並且協助個案面對及釋懷。

「益處法」直面恐懼

在催眠過程中，有一段回憶三妹記得特別鮮明，那是她印象中母親唯一一次動手處罰弟弟。

在鄉村生活裡，每到作物收成的時候，全家人都會一起下田幫忙。某一年夏天正值打稻穀的時節，十一、二歲的三妹跟著家人回到務農的親戚家協助農活，閒暇時便和弟弟與鄰居家的小孩們玩在一起，當時每人都分到一顆桌球，但三妹的弟弟在遊戲過程中把球搞丟了，於是弟弟想搶她的球。三妹不想被弟弟搶走球，於是拔腿就跑，正當一隻腳才剛跨出門檻，弟弟順手抄起一旁桌上一把剪布的剪刀，就朝三妹丟了過去。剪刀正中三妹的膝彎，當場血流如注，嚇壞了在場的所有大人小孩。由於傷勢太過嚴重，三妹被緊急送到醫院處理，母親則爲此嚴厲地處罰了弟弟。

事後，這個傷口在三妹的膝彎處留下了一道明顯的疤痕，不過三妹似乎並不認爲這個事件對她有任何影響，只是稍微提到她不是很喜歡剪刀，例如要剪包裝袋，明明用剪刀會比較方便，但她會下意識地以美工刀代替。

透過催眠，才讓三妹意識到當年的意外，原來在內心深處留下了很深的陰影。

在她的生活中幾乎不會有剪刀出現，丈夫似乎也有注意到她不喜歡剪刀，因此刻意地讓剪刀在家中絕跡。

爲了幫助三妹克服對剪刀的恐懼，我提議在催眠過程中使用「益處法」這項技術。此技術首先要爲個案營造出一個有安全感的舒適環境，又或者是讓她想像身邊有能讓其很有安全感的人。以三妹爲例，這個人就是她的丈夫。接著要個案試著想像那個讓她害怕的事物在視線中越來越大，越來越靠近她。

當然，這種深藏在內心深處的恐懼很難一次就消除，三妹第一次嘗試「益處法」時，只聽到剪刀要慢慢變大的指令就受不了喊停了，可以很明顯地看到她眉頭皺起來，身體肌肉也開始不自覺地繃緊。所以在操作「益處法」時，催眠師必須要敏銳地觀察個案的反應，才能適時地將個案喚醒放鬆。

三妹是位相當勇於面對問題的個案，兩三天後她又約了另一次會面，希望再次以「益處法」克服內心恐懼。這一次，三妹的進步相當明顯，已經能夠接受讓想像中的剪刀非常靠近自己。到了第三次，剪刀便已經可以放在三妹的身上，並且慢慢試著去碰觸那把剪刀。

如今，剪刀對於三妹而言，已不再是什麼可怕的東西，她甚至還開始使用剪刀修剪眉毛，這才發現剪刀原來如此方便，在生活中有這麼多用途。

感受愛，同理愛

人有時候就是這樣，當你能夠將一個原本很害怕的事物克服之後，勇氣會莫名地倍增，對於一些原本不願意去面對的問題，也不再像以往那樣只想著逃避。

剪刀這件事讓三妹體會到丈夫對她的愛，居然無微不至到會注意到這個連她自己都不曾發現的恐懼，而且爲了她不在家裡使用任何剪刀。因爲感受到家人對她的關愛，她也開始願意用更充滿愛的角度去看待事情，於是逐漸能夠從母親的立場出發，站在母親的文化背景角度，去試著理解母親當年的行爲。

母親從小在尚未開發的鄉村成長，整個鄉鎮的氛圍都是重男輕女，加上教育程度不夠，不容易有什麼獨立思考是非對錯的能力。而在那樣傳統的鄉鎮裡，體罰也是習以爲常，幾乎是每家每戶每天都在發生的事情，從不會有人認爲不妥，因此，母親很可能根本沒意識到那是家暴。想到這裡，三妹心中的戾氣逐漸淡去，開始能平靜地看待過去，內在情緒不再有太強烈的起伏。

雖然仍不認同母親當年的行爲，但她能夠理解母親可能有自己也未意識到的苦衷，並能夠以同理心去面對這段回憶。

在調適了自己的心態後，三妹在某一年初二，帶著丈夫與兒子回到廣東的家鄉探親。雖然她還沒有像一般母女那樣與母親無話不談，卻也不至於刻意疏離。同時她也發現，母親很親切地款待她的家人，甚至包紅包給她兒子。以往那些認爲父母只愛弟弟、只把三妹當作搖錢樹的印象似乎也被洗白了。原生家庭從小到大累積的那些不堪，現在想起來不再如此揪心。

原本只是想擺脫每逢年初二便會浮現的陰影，後來發掘出可能會發生的遺憾才是需要面對的問題，繼而找到眞正要跨過的坎是剪刀，最後竟是克服了對剪刀的恐懼，才讓三妹跨出和解的那一步。

從三妹身上可以很清楚地看出，每位個案最一開始所提出的困擾，未必就是實際上影響情緒的原因，眞正的關鍵點很可能包覆在一層又一層回憶中。整個催眠過程中，催眠師是個陪伴者，唯有耐心又敏銳地引導，才會讓個案安心放鬆地找出問題的核心。

與讀者對話

儘管在一個受到重男輕女觀念束縛的原生家庭中長大，進而導致與母親的親子關係異常疏離，但本篇個案懂得自省與換位思考的特質，是讓她最終能夠放下恩怨與過去和解的關鍵。例如她會試著去想像，如果置身於母親成長時的時空背景，在當下那種社會氛圍和教育水平下，自己是不是可以做得更好。有換位思考的心態後，才會理解母親對自己的所作所為，接著再透過催眠引導產生共情，最後達成和解。

親子關係是現代社會中許多家庭都必須面臨的議題，每一對父母的教育方式，或多或少都來自他們過往的遭遇，將自己小時候父母加諸的教育經驗延續到自己的下一代。也有些情形是父母太專注於愛的教育，忽略了孩子在青春期對管教的接受度。

希望本篇案例可以提醒讀者，無論你是在與原生家庭的問題中掙扎，還是正受到與下一代的教育問題所困擾，都應從自省與換位思考中尋找解答。先了解自己的矛盾點和衝突點，才有機會去檢視與調整如何面對問題，以及如何與對方相處。

從傷裡長出溫潤的善良

由於父母長期在中國大陸各地經商奔波，不方便養育幼女，因此李瑄從六、七歲起就被送到彰化縣和美鎮的外公外婆家寄養。然而，並非每個外公外婆都最疼孫，李瑄在被寄養的兩年間過著不堪入目的日子，不受疼愛甚至備受虐待。當結束寄養回到母親身旁，原以為會否極泰來，卻陷入更嚴重的家暴，而這些傷害持續影響到她長大成人後的戀情。

⋯⋯

彰化縣西北方的和美鎮是彰化縣人口最多的第一大鎮，但近二、三十年人口外移嚴重，不少人口老化的家庭仍以務農或家畜產業維生。李瑄童年被寄養的日子就在這樣的環境下成長。

外公是中醫師，外婆則飼養雞鴨等家禽類生物貼補家用，家中包括經濟等事務的決定權是外婆說了算。在舊時代長大的外婆還保留著傳統觀念，不認爲女孩子需要讀太多書，反而時常要求李瑄到雞舍豬圈中幫忙打掃及餵食，導致她在小學生涯裡頻繁缺課。對李瑄而言，幫忙農活其實不算什麼，眞正困擾她的還是來自外婆的家暴。當時她畢竟年幼力弱，雞舍中扛飼料這類粗重的活無法負荷時，反而會把環境搞得更加髒亂，因而招來外婆的各種體罰。

除了體罰以外，外婆平時對李瑄的儀容也毫不重視，不僅從來不幫她整理頭髮，即使她身上沾滿了家畜的氣味與排泄物，外婆也不會特別幫她淸洗，常讓她就這樣去上學，想當然爾大受同儕的奚落與嫌棄。有時候夏天太熱，忙完雞舍的工作後實在太累，李瑄會在附近的雜草堆裡倒頭就睡，這時候外婆居然也不在意她有沒有回家，幾乎就把她當成一個來幫傭的小大人般放任不管。

如果外婆一視同仁也就算了，偏偏李瑄的舅舅也住在同一個屋簷下，而外婆特別寵愛呵護這些舅舅家的表弟表妹。有時候父母回台灣時會來探望她，順便帶些新衣服新玩具給她，但最後這些東西總是被外婆拿去給表弟表妹，李瑄則永遠都是穿表弟妹們穿過的舊衣服。只有當父母來探望她的時候，外婆才會做做表面功夫地將她打理乾淨。

鄉下總會有不少野貓野狗，李瑄特別喜歡和貓狗嬉戲，久而久之這些動物就習慣性地來找她，但這些貓狗身上難免有跳蚤蝨子，漸漸地她身上、頭髮裡也長滿蝨子。隔壁鄰居看不下去也會去向外婆反應，外婆不但沒有帶她去洗澡理髮，反而直接把她帶到了外面的田埂邊，隨便拿了把剪農作物用的剪刀來剪她的頭髮，直到短得像個小男生般才停手。剪完頭髮還沒完，外婆接著又用某種白色狀粉末藥劑往她頭上抹。這種藥粉雖然能殺死蝨子，蝨子下的蛋卻仍留在李瑄的頭皮上，她還得自己一顆一顆地挑出來。

雖然過著不堪入目的日子，李瑄礙於年紀幼小不知道如何表達。有天爸媽來探望她，這次她實在受不了了，在父母要離開時跪在地上拉著母親褲腳，哭訴不想留在外婆家。但外婆卻跟母親說小孩子這樣捨不得爸媽離開很正常，哭一下就會好了。爸媽雖然感到心疼，卻還是硬起心腸離開了。最後，李瑄自己一個人在路邊哭到睡著，醒來時天都黑了，也只好默默走回家。

在外公外婆家的生活讓她對自己越來越絕望，直到在外婆家待將近兩年後，母親終於回台灣定居，並將她接到台北同住，父親則一個人留在中國經商。

原以爲逃脫地獄，卻沒想到跟母親同住後掉入另一個更深的地獄。酒後家暴、體罰以及情緒勒索，持續加諸在她身上更多傷痕，到成年都沒有停止。直到年過三十歲，李瑄經由其他個案的推薦介紹找上我，希望透過催眠解開她心中的結。

在傷口上滋養出對未來的嚮往

第一次與李瑄會面經短暫面談後，我決定先使用較放鬆溫和的「艾瑞克森催眠」，爲她做更專注於個人獨特性的心理治療。

「艾瑞克森催眠」釋放原生家庭壓力

艾瑞克森催眠手法不像古典催眠技術那樣制式化且充滿權威性，在實作中會有更多包容性，也提供更多選擇給催眠對象，讓個案有很多想像以及創造的空間。

接受催眠進入放鬆狀態的李瑄，敍述完在外婆家的遭遇之後，接著透露，本以爲跟母親同住就能否極泰來，回到台北後終於可以脫離地獄般的生活，心裡充滿開心與期待。讓她感到失望的是，原本覺得母親是她的救贖，同住之後才發現母親也有家暴傾向。更糟的是，母親有酗酒的壞習慣，每次喝了酒就輪到李瑄遭殃。

外婆在體罰時也許還意識清醒知道分寸，但喝醉酒的母親下手更不知輕重。然而酒醒後，母親總是會感到抱歉與心疼，改用各種方式彌補李瑄。後來母親得知父親在中國發生外遇，對她又是醉酒後的一頓暴打，事後卻又抱著李瑄說「現在媽媽只剩下妳了」。這些事情對年紀幼小的李瑄而言都是似懂非懂，只知道母親也很難過，每一次事後也都向她道歉，所以她每一次都在心中選擇原諒。

長年被母親灌輸「媽媽只剩下妳了」、「媽媽不能沒有妳」這類的觀念，讓李瑄覺得自己要保護母親。爲了不讓別人發現母親家暴，她長期穿著長袖遮住被體罰的傷痕，甚至也不太跟父親往來，以免造成母親傷心。

李瑄雖然知道父親很希望能和她培養感情，每次回來都會找他吃飯或出遊，但考慮到母親的感受，怕母親知道後不開心，李瑄只能選擇婉拒，久而久之她與父親漸漸疏遠，再也無法感受父愛。於是在她的青少年生活中，只剩下持續施以家暴的母親與她相依爲命，而她也認爲母親的暴力行爲只是一種紓壓，釋放完就沒事了，所以總是逆來順受。

直到李瑄長到十六、七歲時，母親才停止對她的體罰。然而噩夢並沒有結束，取而代之的是更強烈的情緒勒索。只要李瑄和父親那邊的親人如爺爺奶奶稍有聯繫，母親就開始喝酒鬧情緒，認為女兒打算拋棄她。為了陪著母親，李瑄必須壓抑自己的很多情緒及情感。

用勇敢與善良餵養心中的天使

上大學後李瑄開始住校，一開始離家時她心中還放不太下母親，不過在外住宿和更多人接觸，和同學一起出遊之後，她發現拋開母親的枷鎖似乎更能讓她有獨立思考的空間。漸漸地，母親打電話來她不一定會接，也很少回家。這時母親又開始道德綁架，說出「連你都不要我了，那我活著還有什麼意思」之類的話，更以自殺來威脅李瑄。

某次母親真的試圖自殺，送去急診後雖然沒有大礙，但迫使李瑄不得不多花時間心力陪伴母親。即便已經盡力陪伴，母親依然常常疑神疑鬼，擔心她還有與父親聯絡，這個狀況讓李瑄越來越痛苦，每次與母親見面都有種喘不過氣來的壓力。

在催眠過程中，我詢問李瑄這次來找我最想要解決的議題是什麼。她表示自己很愛母親，也知道母親對她相當依賴，這讓她心裡很矛盾拉扯，既覺得自己無法再繼續承受母親的情緒勒索，卻又害怕自己抽離後母親會出事，所以常常要花時間陪母親講電話，更要時時注意手機有沒有母親的來電。

聽完她的想法後我告訴她，其實每個人的心裡都住著天使和惡魔，而她始終都用自己的勇敢與善良在餵養著天使的那一部份，讓自己心中充滿愛而無法真正地去憎恨任何人，光是這一點就已經相當難得了。

李瑄認同地跟我說，她一直以來不太知道怎麼去描述自己內在的這部分，但對「天使與惡魔」的形容很有共鳴，也讓她能更專注在善良的這一面。說著說著，她的眼淚就落了下來。她表示，雖然一路走來經歷了這麼多，但確實是靠著善良的一面撐過來，也很感謝自己沒有將心力投注在惡的一面。

隨時離開的愛

在之後的幾次會面，我問李瑄原生家庭的遭遇對她的人際關係和愛情觀是否有影響。她向我透露在大學期間的初戀是一名上班族，每到週末她就會到對方家裡約會，奇怪的是，他們幾乎沒有踏出過房門，對方也從來不會帶她去參加任何朋友的聚會。事實上，她當時對我的說法是，她當了兩年的性奴隸。

對方會找她一起看情色影片，並要求她模仿片中人物的動作。雖然她心中覺得很不舒服，但為了維繫這段感情，她還是逼自己照做。誰知對方某一天忽然人間蒸發，好多年之後才輾轉得知原來對方早有家室，會離開她便是因為和家人一起移民到了國外了。李瑄自己分析，當年之所以會離不開對方，或許正是肇因於自己沒有體驗過的父愛。

多年之後，李瑄遇到了一個幾近論及婚嫁的男友，不僅已見過對方家長，還將自己原生家庭的各種狀況毫不保留地告訴對方。沒想到一次她陪男友參加朋友聚餐，席間她多次跟平常一樣直呼男友全名，男友的其中一位朋友居然責備李瑄很沒禮貌。事實上，直呼全名是李瑄和男友互相認同的親暱行為，被陌生人以此當眾攻擊讓她十分錯愕，更難過的是，男友竟毫不吭聲保護她。李瑄認爲男友沒有保護她的心，更無法想像將來若是她與對方家人發生衝突，是不是也會選擇沉默，因爲這個疙瘩，終使這段感情不了了之。

與異性產生長久的感情從此成了李瑄最大的障礙。即使雙方都很享受戀愛的感覺，但只要出現一點點不滿意或缺乏安全感，她就會果斷地選擇離開。有時她甚至同時和多名男性交往，也不會刻意隱瞞，反而開誠布公地讓對方知道自己追求開放式關係，而非穩定關係。

即便眞的遇到讓自己眞心想定下來的好對象，她又會不相信自己可以擁有那種維持一輩子的愛，且再也不跟交往對象分享她在原生家庭的遭遇。在她的認知中，即使對方一開始表示心疼與支持，最後感情淡了，也不會因爲她經歷過這些創傷就持續呵護她。因此，她再也沒有對任何一個對象敞開過心扉。

「人像牌卡」引導出潛意識投射

雖然知道自己面對感情的態度不健康，李瑄仍不知從何下手做出改變，一方面認爲沒有人可以給她需要的安全感，另一方面又到了想定下來的年紀。心中這種矛盾，也是她想嘗試催眠的原因之一。

在我看來，李瑄最需要的是發掘自己內心深處的想法，爲此，我特別爲她準備了「人像牌卡」。這項技術類似塔羅牌，但操作起來和塔羅牌截然不同。我們所使用的圖卡上面只有人像，每個人像的膚色、穿著和表情各不相同，每張牌沒有固定的牌義解譯，而是可依照圖像自由聯想與潛意識投射，用以詮釋個案內心的思維。

首先，我讓李瑄先挑出一張她認爲最能反映現在的自己的卡牌，她選擇了一個容光煥發的年輕金髮女性。接著我問爲什麼挑這張牌，這張牌和她有什麼聯結及共通點。李瑄告訴我這個女子像她一樣表面看起來充滿自信，但眼神中卻透露著憂鬱。其實這張卡描繪的是一名歐美女性，藍色的眼珠在西方人中很常見，但以李瑄的觀點來看，藍色就代表了憂鬱。這正是「人像牌卡」的好處，可以讓個案自由發揮引導出潛意識投射。

李瑄指出大家都只看到這張牌美好的那一面，但內心的壓力多大只有自己知道。她認爲世上沒有感同身受這種事，不過她也認同眞心陪伴的力量，而我對她而言就是一種陪伴，讓她終於有個人可以信任，可以傾訴自己的壓抑。

接下來，我要她再挑一張牌用來象徵未來想要轉變的樣貌。這次她抽出一張把頭髮挽起來，佩戴著一顆珍珠的印度女士。她告訴我她也很喜歡珍珠，那種溫潤的光芒恰如其分，而牌面女士散發著同樣內斂的光芒，是個成熟穩重的智者，她希望自己有一天也能像這樣，擁有由內而外發出的自信與勇敢。她認為如果有人現在提出要跟她長相廝守，她還是會感到恐懼，也沒那麼相信這世上眞的有一輩子的事。而圖卡中這位女士的自信似乎讓她不再害怕自己一個人，也不再受傳統框架束縛。如果自己成爲這樣的人，就會有很正向的能量去溫暖其他人。

雖然還沒有跨過無法經營長久感情的這道坎，但李瑄找到了自己現階段所嚮往的樣貌，不再深陷於矛盾中患得患失。現在的她開始參加淨灘、資助貧窮孩童等公益活動，把在催眠過程中發現自己善良的那一面散播給更多人。不僅更了解自己，也從中找到了生活的重心。

與讀者對話

人的行為與觀念，很大程度地受到兒童、青少年時原生家庭的影響，包括成長過程中與父母的連結、父母的價值觀和教養方式，這些都左右著我們的認知、觀點、期待與行為。

例如本篇個案分享中，李瑄的外婆有家暴傾向，她的母親很可能從小也是在家暴中成長，而在此歷程中，包括外公和舅舅在內的家人都沒有出面制止，因此造成李瑄母親認為體罰只是教育的一個方式。

讀者們家中若是有任何不適當的教養方式，都應該在事情發生的當下站出來為自己或親人發聲，協助當事者調整並防止家暴的延續。當然，我也建議讀者花更多心力檢視自己的情緒、表達與行為模式，畢竟，想改變現況最好的做法就是先改變自己。

當我們調整好原本不適當的行為、修正了不良的觀念和習慣之後，我們傳遞給孩子的身教言教才會有所不同。好的特質與習慣應該代代相傳，但不好的、不適當的行為就需要停止，更進一步做出改變。

睡美人的大游泳池

年僅二十歲，建築系高材生劉以晴正處於人生最青春自由的階段。在這個年紀，大部分同儕正在開心地享受大學生活，和同學們夜唱、夜遊、上山下海，似乎每天都有用不完的精力。然而，完美主義的以晴卻過著截然不同的作息。

儘管成績優異，在藝術方面展現過人天分，但每當與人相處，以晴卻總是反應遲緩，常讓人覺得她喪失專注力。此外，她更是個名符其實的「睡美人」，一躺上床，睡個二十小時也不會醒。事實上，以晴被精神科醫師診斷患有憂鬱症，長期需要服用血清素等藥物，是藥物副作用導致了上述情況。

從高中開始，劉以晴就時常莫名地悲從中來，周遭同學不時會被她忽然掉眼淚而嚇到，這樣的狀況讓以晴一旦發作起來，就開始抗拒團體生活，多次拒絕去學校上課。爲了改善她的狀況，以晴的母親帶著她四處求醫，在確診憂鬱症後也持續透過藥物控制病情。

不料，吃藥對她的日常生活產生了一定程度的影響。多數抗憂鬱藥物帶有嗜睡的副作用，在以晴身上尤其嚴重，一旦睡著後她沒有辦法自己醒過來，必須每天早上由母親定時將血清素餵入口中，才能將她喚醒。此外，抗憂鬱藥物有個副作用是鈍化，這也解釋了爲什麼以晴常讓周遭的人感到情感空洞、注意力不集中。

更麻煩的是，藥物讓以晴很容易受周遭環境影響。建築系的作業和報告時常需要用到學校的工作室，如果現場只有以晴一個人，她可以如魚得水般地將作業做得又快又好，然而一旦有其他同學進入工作室，她就會無法控制地將注意力放在別人的對話中，再也無法專注在自己的進度上。偏偏以晴對自我要求極高，因此經常到了該交作業的時候卻還沒完成，而每當學校教授關切她的進度和遲交原因，更會增加以晴的委屈與挫折感，讓她心情潰堤。

上述情況一而再、再而三地反覆發生，導致以晴越來越自卑，總覺得自己必須仰賴憂鬱症藥物是件很不正常的事。日常生活中更容易疑神疑鬼，時不時懷疑別人看她的眼神或交頭接耳，是因爲知道她不健康。帶著這樣的念頭，想當然爾就更容易受周遭環境影響，對團體生活的抗拒也越來越強烈。

類似情況不斷惡性循環，以晴的母親幾乎用盡了各種方法，甚至求神拜佛，試圖治癒女兒的病情。最後，輾轉透過朋友介紹找上我，嘗試透過催眠來調整與改善。

與憂鬱、逃避握手言和

與以晴的催眠療程第一次會面是在八月暑假期間，她向我敍述了自己的狀況之，並表示小時候其實很有自信，在各方面都頗出風頭，她也一直很喜歡那樣的自己。然而因爲憂鬱症狀以及藥物的影響，讓她始終找不回以往的劉以晴。

敞開心胸正視自己

我們首先要解決的議題是：讓她能更敞開心胸地接受藥物治療。在催眠的過程中，我會讓她試著模擬自己走向藥物，並引導她和自己對話，讓內在的自己了解藥物其實是幫助回到健康的媒介。

由於以晴在過程中高度配合，加上她自我要求高，8月這段時間催眠效果相當顯著。不僅不再那麼抗拒吃藥，以晴還開始嘗試改善生活習慣，例如她以前幾乎不進廚房，連瓦斯爐都沒開過，卻在這個暑假第一次試著自己煮味增湯，還會在閒暇時出門散步。種種改變都爲以晴帶來了成就感，進而更信任催眠效果。

催眠是一個互相合作的療程

催眠並非單方面由催眠師下指令讓個案配合完成。催眠對象在整個過程中高度集中，因此完全可以自己決定願意說什麼或不說什麼，所以被催眠者的配合度與催眠效果呈正比。

所謂高配合度，是指催眠對象願意接受催眠師的引導，但又不是完全被催眠師的指令操控。相反，低配合度其實是對催眠的信任與期待值不足，當催眠對象對催眠一知半解，不夠信任催眠師，將影響催眠成功率的高低。偶見被親友帶來接受催眠的人，本人並不認爲自己需要接受催眠，像這類案例催眠效果也不會太好。

轉換角度面對外界

眼看以晴的狀況似乎持續好轉，誰知道9月中要開學的那天，情況又急轉直下。一天我正在固定配合的診所進行催眠，結束後發現以晴的母親打了無數通電話給我。回撥後，才得知以晴那天早上原本已經打理好準備出門，但到了要踏出家門的那一刻，卻說什麼也走不出去，覺得自己還是沒有勇氣去面對學校裡團體生活帶來的壓力。

於是，我們立刻約了當天傍晚的諮商，這一次我調整了自己對待以晴的方式。前幾次我都像她的母親那樣，把她當作孩子般照顧，如今我開始把她當作一個成年人與她對話。

我發現，相處角度切換後，以晴的反應也變了。以往問她問題，她常會反射性地以「不知道」來逃避尋找答案，但現在她眼神變堅定了，專注力也更加集中。

從這一次會面開始，我與以晴對話不再像之前那麼小心翼翼，而是直接地點出現實，提醒她自己不敢面對的那一面。例如我會問她知不知道她媽媽可能很辛苦，這時她才坦承其實很心疼母親，覺得自己的行爲常常只考慮到個人感受；她也轉變想法，認爲應該要去上學並能自己獨立，才不會讓媽媽擔心。隔天，以晴沒有再逃避，自動自發地去上學。

每天她搭上公車時都會發一則訊息給我，讓我知道她有去學校。而我的角色似乎從催眠師變成一名陪伴者。偶爾她也會情緒不穩，當她出現不想上學的想法時，會透過通訊軟體與我聯繫，在我的支持下，讓她恢復一些面對團體生活的勇氣。

這樣的陪伴模式維持了近一學期，加上每星期固定接受催眠，一整個學期中，以晴沒有再發生逃避學校的狀況。

找出讓情緒潰堤的心結

隨著催眠的次數增加，我們也逐漸找到那個偶爾會讓以晴情緒潰堤的心結。在被診斷出憂鬱症之後，藥物的副作用讓以晴很容易受到外界影響，她覺得只有在睡覺以及用手機瀏覽影片的時候，才能徹底地隔絕外界的雜訊，讓腦袋關機安靜下來。爲了達到這個效果，她曾經一度非常依賴手機。

某天母親看不下去以晴依賴手機的習慣，卻又無計可施，只能尋求前夫，也就是以晴的父親協助。而父親卻採取了一個最極端的解決方法—搶她的手機。在爭奪過程中，父親的動作打到了以晴，從此在她心中留下極深陰影，回憶時不時就會從內心深處湧上心頭。

此外，某一次母親因爲工作忙碌無法帶以晴看診，於是交代父親送她去醫院。誰知道途中父親開始責備她，認爲母親辛苦賺來的錢都被以晴用在與醫師「聊天」。父親對精神科疾病的誤會與不諒解，讓以晴感到委屈，甚至後來有好長一段時間都不願意去回診。

接下來的這一個學期，劉以晴一直都維持著還算穩定的心情，還開始嘗試交新朋友，並且人生中首度參加教授舉辦的校外教學，離開母親的照顧，自己和同學一起在外過夜。

當一切都似乎好轉，以晴與我的會面也慢慢延長到一個月一次，她卻再度遇到了一個大挫折。以晴升上大三的這個學期，系上來了一位新教授，這位教授雖然專業不容置疑，講話卻非常直接。某次，全班同學要在課堂上展示分享自己的作品，以晴做了一個專爲憂鬱症患者設計的空間，以「療癒」爲核心概念，在各處細節都融入心理學的靈感。沒想到教授完全無法理解她的設計，更直指這件作品只會讓憂鬱的人更加憂鬱。

可想而知，以晴被教授大受打擊。更嚴重的是，教授的態度讓她聯想到父親。此後多次的作品評分或討論，這位教授仍是否定多於肯定，導致以晴更不敢對他表達自己的想法。在挫敗感逐漸累積下，某一天半夜以晴終於崩潰，不僅不願意去學校，連飯也不吃，而原本平常可以連續睡十幾個小時的她，居然連續好幾天都睡不著覺。

「控制室」讓情緒回穩

爲了讓以晴能盡快穩定下來，我採用催眠技術中的「控制室」。這項技術是先讓被催眠者想像自己進入了一個能掌控全局的控制室，其中有個大螢幕以及能隨時按下暫停、播放、快轉或淡出等功能的按鍵。螢幕中播放著被催眠者自己想像出來的畫面，畫面中的人事物則可由被催眠者決定要暫停，還是繼續動作。

以以晴爲例，她經常會想像自己在一個大游泳池，旁邊有別人在游泳，水花也會潑到她臉上，但她可以讓人與水靜止不動，只剩下自己躺在水面上，這可以幫助她隔絕外界的聲音與紛擾，進而回到穩定平靜的情緒。

有時候他還會向我要求五分鐘不要對話，讓她去享受那放鬆的感覺，而這樣的放鬆，更有助於提升專注力，更有效率地去解決原本待解決的議題。

事後，以晴表示她非常喜歡「控制室」療法，我也發現在歷來對她使用過的技術中，「控制室」特別容易引導他進入狀況，幫助她以旁觀者的角度看事情，並嘗試與平時不敢面對的問題和解。

如今，以晴會試著從另一種角度來解讀別人對她說的話，不再鑽牛角尖地受別人影響，不再那麼在意別人的眼光。現在的她更能放開心胸去和外人接觸，也會自己去看展覽、買禮物送友人、規劃母親的生日旅行，在生活上更貼近現實。而她的母親終於能放下心中的大石。

同時，以晴的父親也看到她的轉變，開始認同心理治療的效果，更因爲看到以晴很認真地調整自己，也激發父親努力生活與工作。以前很不喜歡父親的以晴，逐漸對父親改觀，也開始嘗試父女一起用餐。

接受催眠的雖然只有個案一人，得到的改善卻可以造福全家人的關係與生活。

與讀者對話

當生活周遭出現憂鬱症患者時，首先需要了解的是，並非每個人消化情緒都可以很快速。情緒就像一瓶礦泉水，平常人或許只需要拿在手中一兩小時就可以放下，但憂鬱症患者可能必須拿著它一整天都放不下來。

面對憂鬱症患者，切記不要跟對方說「加油」，他們不是不想加油，而是情緒導致他們既無力也無法專注。第一步應該觀察對方是不是需要幫忙，先確定對方需要你，再談如何陪伴。而由於憂鬱症患者容易陷入「自己為什麼沒有快樂起來的能力」或「已經很努力了還是快樂不起來」的泥淖中，試著表現出能夠理解對方的努力，並讓對方知道你隨時都在，遠比「加油」兩個字更有療癒效果。

此外，陪伴者也要注意別把自己當成特效藥，不要有自己付出或陪伴就應該有效果這種想法。更重要的是，千萬別說出「你怎麼這麼愛哭」、「我都是為你好」這類的話，要知道自己不諒解的一句話，可能都會像一把利刃般在患者心中被無限放大。

需要解決問題的其實不是他

簡正嘉的女兒婷婷剛上大學，卻沒辦法像其他同學那樣盡情地享受大學生活，只要遇到上台報告或是在課堂中被抽問，都會因恐慌症發作身體不自覺發抖。為了幫女兒解決問題，正嘉帶著她四處求治，然而……。

簡正嘉約莫五十出頭，是名在公家機關處理行政事務的公務員。一開始是正嘉先打電話向我詢問費用與時間，我就順便先問了婷婷的狀況。婷婷雖然不排斥去學校，在校成績也都過得去，但只要正嘉一離開她身旁，婷婷就容易緊張害怕，導致恐慌症發作。

從談話過程中，可以感受到正嘉是邏輯清晰的人，不過防衛心比較重，有些提問他會很婉轉地避免正面回答。

正嘉除了去公司上班以外，其他的時間都得陪著婷婷，只要離開她身邊，婷婷就會像個小孩般失去自主能力。連去便利商店買個東西也要爸爸陪，有爸爸在時，自己挑零食、結帳都不成問題，但如果爸爸不在，婷婷寧可餓肚子也不願意自己去買東西吃。

正嘉認爲一直這樣陪伴女兒不是長久之計，決定帶著婷婷去看身心科，診所的藥越開越重卻不見起色，於是，在醫師的建議下尋求催眠協助。

跳脫「症狀」，調整「關係」

在電話中初步了解時，我問正嘉的家庭狀況如何，他表示家庭狀況穩定，與太太的關係正常，雙方對女兒的照顧與愛都竭盡所能付出，實在不明白女兒會有這樣的問題。

催眠對象／陪同者／催眠師的衝突

在結束對話之前，我爲正嘉解釋了催眠是什麼，以及催眠能夠達到的輔助效果。一般而言，第一次催眠爲了對催眠對象多一些了解，面談時都會比較長，整個過程需要一個半至兩小時。尤其是像婷婷這樣有恐慌症的個案，反應通常會比較慢，加上並非自己主動接受催眠，而是家長帶著她前來，要和這樣的個案建立彼此信任感，會更辛苦也更花時間。但或許是在經濟上有所考量，正嘉仍希望可以在一小時左右結束。

第一次面談當天，是正嘉帶著婷婷到工作室見我。一開始我先請婷婷自我介紹，從中我發現她幾乎說每一句話前都會先把眼神瞟向父親的方向，似乎又開始感到恐慌，雙手不自覺地開始顫抖。就連我們在簽保密協定，在我提醒她催眠過程會全程錄音錄影時，她的手也時不時地發抖。

正式開始前，我再次向婷婷與正嘉介紹了一遍催眠，並提醒她不要給自己太大壓力，也不要認爲催眠是什麼神奇的特效藥，做完一個小時的面談就會完全變一個人，再也不緊張不恐慌。

對催眠不應過度期待

催眠師不應該讓個案抱持太大的期待，很多個案是經歷過精神科吃藥、求神問卜等各種手段都無法改善後，才在親友推薦下嘗試催眠。這種情況下，很容易會把催眠當成最後的一根救命稻草，催眠師有責任在事前就向個案解釋清楚。

在催眠過程中，我會請陪同的親友坐到另一個區域，如此一來，才能給我和個案足夠的空間在放鬆狀態下進行催眠，而他們彼此也還是看得見對方並聽得到我們的對話。

正嘉獨自坐在親友區時，雖然知道女兒不斷在瞄他，他卻刻意低頭玩手機避開女兒的目光。知道父親不會在此時搭理她，婷婷的專注力也逐漸回到我身上，我注意到這時候她原本發抖的狀況開始改善，回答問題的速度也快了很多，不會再像之前那樣每個問題都看向父親，支支唔唔半天才回覆，整個催眠得以更順暢地進行。

由於時間有限，我先以古典式技術爲婷婷做了放鬆催眠。然而整個過程卻明顯感覺到她並沒有很願意配合，常常會對我的指令表示知道，但隔了幾分鐘後又問我剛才說了什麼。我認爲再繼續下去也沒有意義，於是問婷婷是否想要結束催眠。婷婷表示她想要醒過來，我便讓她放鬆之後將她喚醒。

醒來後，我請婷婷從一到十評分剛開始和結束後的焦慮及恐慌程度，她表示一開始的時候幾乎有八分，催眠結束後只剩下四或五分。能讓個案在感受上覺得比原本有進步，算是達到了第一次會面的目標。雖然原本說好是一小時的療程，但加上事前的面談和最後的收尾，全程也花了將近兩個小時。

結束後我告訴正嘉，這兩天要觀察一下女兒的情緒，也可以問問她對催眠的感受如何，有任何問題就隨時和我聯繫。沒想到，正嘉隔天就傳訊息給我，大致上意思是：回家之後女兒跟他說，從來沒有嘗試過催眠，原本對催眠有很大期待，但結果卻讓她很失望，當她還想要繼續時，我卻停止催眠將她喚醒。正嘉最後甚至還說催眠根本沒有到一個小時，覺得白白浪費了這筆錢。

看到這樣的說法我感到相當無奈，我也愼重地回覆他，從簽約之後的面談開始，一直到催眠結束後確認婷婷的狀況，總共用了近兩小時的時間。再者，是否要結束催眠，是我再三向婷婷確認過意願之後才喚醒她的，整個過程都有錄音與錄影，請不要這麼快下結論，且可以隨時來工作室透過影片還原當下情況。

在講清楚完我的立場後，我請對方將銀行帳號給我，讓我把這次的諮商費用退給他。正嘉似乎並不在意我前面的一切解釋，看到我說願意退費後，只留下他的帳戶便沒有再說任何話。

其實正常來講，這種情況是不必退費的，畢竟在合約簽定前我以一而再再而三地向對方解釋過催眠，加上全程錄音錄影，各方面都站得住腳。工作室的同事、會計師以及將婷婷轉介給我的主治醫師，都強烈建議我不要退費，認爲我一旦退費開了這個先例，未來再遇到類似狀況難以維持原則。但是我覺得這筆費用對我而言可能沒什麼，但也許對正嘉的家庭會很需要這筆錢，就當做善事吧！

被壓抑的眞相

大約過了將近半年後，我再度收到了正嘉的的訊息。他先是表示歉意，接著對我坦承他一開始沒有說眞話。事實上，正嘉很早就與女兒的母親離異，一直以來都是他一個人撫養女兒，而婷婷可能並不是眞的有恐慌症，只是很擔心他交往新對象，因此希望父親能把工作以外的所有時間與重心都放在她身上。然而，現在正嘉開始覺得照顧婷婷壓力越來越大、越來越辛苦，有種喘不過氣的感覺。最後他坦言，其實催眠後他內心知道，應該是婷婷要求結束催眠的。

雖然這段對話算是還了我一個清白，但我看到訊息的當下，更在意的是這位父親的狀況。他一再地強調自己過得很辛苦，已經快要撐不下去。繼續來往了幾則訊息關切他的狀況後，正嘉表示他也想試試看催眠。

或許是經過了先前的事件，讓正嘉現在願意告訴我事情的眞相，彼此的信任反而有了一定基礎。在進入催眠前的面談中，正嘉更能對我坦誠相告。由於正嘉無法面對自己離婚給外人的印象，因此除了家人外，幾乎生活周遭的所有人，包括同事和朋友都不知道他已經離婚。此外，在他的認知中是前妻拋棄了他和婷婷，而婷婷之所以會變得如此離不開他，正是因爲擔心爸爸如果也有新對象，會像媽媽一樣把自己拋棄。

整個過程中，我可以感受到他有不少情緒及壓抑，但他卻很無奈不知道該如何解決。我認爲他當下最需要的是先釋放這股壓力，於是選擇了催眠手法中的「雪花技術」。

「雪花技術」以隱喻釋放壓力

雪花技術能夠引導個案調整內在的負面情緒、認知或是行爲。首先，讓正嘉想像自己身處戶外的露天電影院，而自己就是那個播放電影的人。接著想像將潛意識中造成壓力的負面情緒、影像或記憶轉成符號和隱喻，這些不愉快變成符號後，個案就不需要再一次經歷它們。再來，把符號全部都丟到電影銀幕上，丟上去的東西逐漸累積，會讓銀幕像氣球一樣膨脹。越脹越大、越脹越大，最後像熱汽球般地飄浮起來，飄到某個高度時，想像氣球「砰」地一聲爆開，碎成像雪花般的白色小碎片慢慢飄落，在地上融化。

接下來，我再請正嘉想像一個美麗的日出，背景中還伴隨著他自己覺得舒服的音效，可能是海浪聲，也可能是某個他很喜歡的歌手的聲音。而原本融化到土壤裡的負面情緒，全都變成他喜歡的植物慢慢冒出新芽，變成了一幅美好又能夠讓人放鬆的畫面。

這時，我詢問正嘉看到的是一幅什麼樣的景象？他回答，他在一個類似高爾夫球場的草地上，赤腳踩在那片像地毯般漂亮的草地，覺得非常舒服放鬆，甚至想要躺在上面。於是我鼓勵他就躺上去吧，用自己覺得舒服的方式躺在草地上，慢慢深呼吸，去感受這份內在的寧靜與穩定。

正嘉想像自己躺在草地上後，告訴我已經很久沒有如此放鬆的感覺了，並表示想要安靜地躺個幾分鐘。雖然說這幾分鐘對個案來說是休息放鬆，但催眠師仍要持續注意個案的眼球反應和表情，透過這些微表情來判讀對方心裡的狀態，適時地插入詢問，例如看到個案流眼淚或皺眉，都要詢問原因。

這一小段時間對個案而言或許是休息，但對催眠師而言卻是相當辛苦的，也十分仰賴專業知識與經驗。幾分鐘後，可以試著詢問個案要四處走走探索一番，還是想要醒來。

持續躺著的正嘉一邊流淚一邊向我道謝，說他感到原本的那些壓力，現在都變成了一股力量，不再壓得他喘不過氣。尤其是當銀幕上氣球爆炸的那一瞬間，他眞有種如釋重負的感覺。接著他表示想要醒來，於是我慢慢倒數，要他慢慢感受自己的身體回到了沙發上，感受工作室內的溫度、音樂以及我的聲音，最後回到現實中。

喚醒之後，正嘉覺得心情舒坦了很多，也一再爲之前的事向我道歉。我則是不斷跟他說沒關係，現階段最重要的是讓他得到一些支持，讓他能振作起來變得更好，才有力量去照顧女兒。

世事實在難以預料，在這一次會面後，正嘉居然在日後成爲我固定的個案，而且非常信任催眠的療癒效果，甚至引薦他的同事來嘗試催眠。而他和女兒婷婷的關係也有所改善，不再小心翼翼地害怕女兒受傷，而是將女兒視爲成年人對待。

原本正嘉認爲需要接受催眠的是女兒，沒想到最後透過催眠改變了自己，也改變了女兒，更讓身邊的人事物有了轉變。

我希望藉此案例提醒大家，不要因爲單一事件就否定了一個人。給別人機會，其實也是給自己機會。多爲別人著想、事事留下餘地給對方，有時反而有意想不到的收穫。

與讀者對話

分享簡正嘉這個案例的起心動念，是想要告訴自己，同時也提醒同為催眠師的讀者。在遇到類似的情況時，其實退費並不是一個正確的處置。真正合宜的做法應該是爭取直接和個案，也就是與正嘉的女兒婷婷對話。這並不是為了進行另一次的催眠諮商，而是雙方都需要從中了解原因以及對方的感受與想法，找到解決問題的方式，並從這個經驗中學習與成長。

另外，我認為很重要的一點是，不要輕易地因為單一事件就對人貼上標籤。雖然自己當下看到、經歷到的事實所衍伸出來的結論，很難避免貼標籤的行為出現，但是我們可以練習有意識地思考，盡量避免輕易下結論。有些事情需要一些時間去觀察後續的發展，因為一個人好壞的界線未必那麼明顯，我們應該要以包容、開放的眼光看待他人，若是能給自己和他人更多的空間與時間來覺察人事物的本質，也就不會那麼輕易地全盤否定一個人了。

國家圖書館出版品預行編目（CIP）資料

與潛意識對話：透視催眠師如何解開真實人生課題 / 歐陽芷妍（Asa）作 . -- 初版 . -- 臺北市：墨刻出版股份有限公司出版：英屬蓋曼群島商家庭傳媒股份有限公司城邦分公司發行，2024.10
面； 公分
ISBN 978-626-398-082-2（平裝）

1.CST: 潛意識 2.CST: 催眠術 3.CST: 催眠療法

175.8 113014712

墨刻出版 知識星球 叢書

與潛意識對話

透視催眠師如何解開真實人生課題

作者	歐陽芷妍 Asa
策畫	饒素芬
責任編輯	林宜慧
採訪編輯	王維浩
美術編輯	李依靜
行銷企劃	周詩嫻

發行人	何飛鵬
事業群總經理	李淑霞
社長	饒素芬
出版公司	墨刻出版股份有限公司
地址	115 台北市南港區昆陽街 16 號 7 樓
電話	886-2-2500-7008
傳真	886-2-2500-7796
EMAIL	service@sportsplanetmag.com
網址	www.sportsplanetmag.com
發行	英屬蓋曼群島商家庭傳媒股份有限公司城邦分公司 地址：115 台北市南港區昆陽街 16 號 5 樓 讀者服務電話：0800-020-299 讀者服務傳真：02-2517-0999 讀者服務信箱：csc@cite.com.tw 城邦讀書花園：www.cite.com.tw
香港發行	城邦（香港）出版集團有限公司 地址：香港灣九龍土瓜灣土瓜灣道 86 號順聯工業大廈 6 樓 A 室 電話：852-2508-6231 傳真：852-2578-9337
馬新發行	城邦（馬新）出版集團有限公司 地址：41, Jalan Radin Anum, Bandar Baru Sri Petaling, 57000 Kuala Lumpur, Malaysia 電話：603-90578822 傳真：603-90576622
經銷商	聯合發行股份有限公司（電話：886-2-29178022）、金世盟實業股份有限公司
製版	漾格科技股份有限公司
印刷	漾格科技股份有限公司
城邦書號	LSK014

ISBN 978-626-398-082-2（平裝）
EISBN 9786263980808 （EPUB）
定價 NTD 380
2024 年 10 月初版